本书为河南省哲学社会科学规划年度项目（2020CSH028）

人口老龄化问题与养老服务模式探析

——以河南省为例

聂 倩◎著

EXPLORATION OF POPULATION AGING PROBLEMS AND ELDERLY SERVICE MODELS

—TAKING HENAN PROVINCE AS AN EXAMPLE

经济管理出版社

ECONOMY & MANAGEMENT PUBLISHING HOUSE

图书在版编目（CIP）数据

人口老龄化问题与养老服务模式探析：以河南省为例 / 聂倩著. -- 北京：经济管理出版社，2024.
ISBN 978-7-5096-9855-6

Ⅰ. C924.24；D669.6

中国国家版本馆 CIP 数据核字第 2024B2C721 号

组稿编辑：郭丽娟
责任编辑：任爱清
责任印制：张莉琼
责任校对：陈　颖

出版发行：经济管理出版社
　　　　　（北京市海淀区北蜂窝 8 号中雅大厦 A 座 11 层　100038）
网　　址：www. E-mp. com. cn
电　　话：(010) 51915602
印　　刷：唐山玺诚印务有限公司
经　　销：新华书店
开　　本：720mm×1000mm/16
印　　张：10.75
字　　数：181 千字
版　　次：2025 年 1 月第 1 版　　2025 年 1 月第 1 次印刷
书　　号：ISBN 978-7-5096-9855-6
定　　价：88.00 元

前　言

　　人口老龄化是社会经济发展的必然结果，是人类社会发展进程中的必然趋势。河南作为我国的人口大省，根据第七次人口普查结果，2020 年河南省 60 岁及以上人口为 17964048 人，占 18.08%，其中 65 岁及以上人口为 13401904 人，占 13.49%。与 2010 年第六次全国人口普查相比，60 岁及以上人口的比重上升 5.35 个百分点，65 岁及以上人口的比重上升 5.13 个百分点[①]。老年人口基数大、增速快、高龄化、空巢化趋势明显，人口老龄化的发展已经超前于经济的发展，呈现出"未富先老"的特征，导致河南省社会抚养比不断提高，对社会保障体系和公共服务体系都造成了一定的压力，以家庭养老为主要内容的养老服务体系已经不再适应社会发展。

　　养老服务业作为一种新兴产业，涵盖了养老机构、社区养老服务、老年教育、老年旅游等众多领域，能够较好地满足老年人个性化、多样化的养老服务需求，切实提高老年人晚年生活质量，从而减轻老年人家庭的养护负担，受到了众多老年人及其家庭的青睐。然而相对于日渐扩大的老年群体，并伴随着老年人需求层次的提高，养老服务的供给情况却不容乐观，矛盾突出表现在养老服务业发展规模扩大与政企投入不足、产业发展程度不高与地区老龄化程度加深、服务项目单一与老年多样需求、服务人员不足与服务需求增加、专业程度加深与专业人才匮乏及发展进程加快与配套政策缺失等方面。

　　因此，人口老龄化和养老问题是世界各国政府和专家学者共同关注的热点问

---

　　① 河南省统计局：《河南省第七次全国人口普查公报（第四号）——常住人口年龄构成情况》，河南省人民政府门户网站，2021-05-21（https：//www.henan.gov.cn/2021/05-21/2149618.html）。

题之一。首先，当前学者对人口老龄化现状、特点、问题等方面阐述得较多，但对于老龄化问题缺乏深度解析，对于如何应对老龄化缺乏系统研究。其次，相比于经济学、社会学、人口学等学科在人口老龄化方面的研究，地理学的相关研究起步较晚，相关研究学者也较少，内容匮乏。且大多数研究都着眼于人口老龄化时空分异、推动原因、老龄人口的空间集聚趋势、老龄化水平的空间关联规律等方面，从时间和空间两个维度探究老年人口演变规律的研究相对较少。在养老服务研究方面，尽管国内外学者已经对养老服务的多个方面进行了广泛而深入的研究，包括养老服务的供给与需求、养老服务的模式与机制、养老服务的政策与法规等，但对于地方养老服务质量评估的研究仍然相对薄弱，目前对于地方养老服务质量评估的研究多停留在理论层面，缺乏与具体实践相结合的案例分析。这导致研究成果不仅难以转化为实际操作指南，也无法为政策制定者提供具体、可操作的参考。

本书遵循"文献回顾→调查分析→实证研究→政策设计"的逻辑思路展开具体研究，在分析河南省老龄化现状时，除了对河南省人口老龄化特征进行总体描述外，还着重将河南省各地市人口老龄化情况进行对比分析，从而使读者能够对河南省人口老龄化现状有一个全面的把握；在预测河南省老龄化趋势时，结合ArcGIS软件，将数据图形化，从空间维度直接观察人口老龄化的空间分布，再利用空间探索性数据分析方法，总结归纳出其时空演变特征，进一步利用三层 BP 神经网络预测 2020~2050 年河南省人口老龄化的发展趋势，为思考河南省人口老龄化问题的对策提供前瞻性认识；在分析人口老龄化问题的影响时，利用河南省人口老龄化相关数据，以索洛模型为理论基础，借助空间杜宾模型和地理加权回归模型方法，实证研究河南省人口老龄化对经济增长的影响方向和大小，并从养老保障、劳动力资源、产业结构、消费和投资、社会文化五个方面分析人口老龄化的影响，力求获得理性客观的量化结果；在探究河南省养老服务体系建设时，选择不同地区、不同类型的养老机构作为研究对象，深入了解其服务质量评估的实际情况，通过实地调研、访谈等方式收集一手数据，分析评估过程中的成功经验与存在的问题；结合发达国家应对老龄化和构建养老服务产业 PPP 模式的经验，分析河南省养老服务发展面临的困境及其原因，进而提出优化河南省养老服务产业发展的措施；基于上文的实证研究和案例分析，提出了应对人口老龄化问题和建设养老服务体系的建议。

聂倩

2024 年 4 月

目　录

第一章　绪论

第一节　研究背景及意义

一、研究背景

随着全球人口结构的持续演变，老龄化现象逐渐凸显，它揭示了老年人口在总人口中比例的不断攀升以及人口年龄结构的动态调整。这一社会发展中的必然趋势，在 19 世纪末的工业化浪潮中率先在西方国家显现，其中，法国便是一例，其出生率的下滑导致出现显著的人口老龄化趋势。1999 年，联合国设立"国际老人年"，表明人口老龄化不只是一个国家独有的挑战，而是全球共同面对的议题，步入 21 世纪后，这一挑战更是成为大多数国家亟待解决的共同难题。

作为全球人口最多的国家，中国同样面临着严峻的老龄化考验。从中国人口普查数据中可以看出，老年人口所占的比例从第二次人口普查时的 3.56%，到第六次人口普查时的 13.26%，再到第七次人口普查时的 18.70%[①]，这一数字的不断上升，清晰地描绘出中国人口老龄化趋势的加速。根据联合国的标准，中国早已步入了老年型国家的行列，且预计未来其老年人口比重还将持续快速增长。据预测，到 2050 年，中国的老年人口将达到惊人的比例，65 岁及以上人口占比将接

[①] 河南省统计局. 河南省 2010 年第六次全国人口普查主要数据公报［EB/OL］. 国家统计局，2012（https：//www.stats.gov.cn/sj/tjgb/rkpcgb/dfrkpcgb/202302/t20230206_1902067.html）。

近 30%，60 岁及以上人口将超过 1/3①。这一前景意味着在未来的二三十年内，中国的老年人口比重将迎来一个迅猛增长的时期，同时，高龄化的趋势也将更加显著。

在这一大背景下，中国人口老龄化问题呈现出独特的复杂性。除了庞大的老年人口基数和较快的老龄化速度外，地区与城乡间的发展不均衡也进一步加剧了这一挑战。此外，高龄、失能、空巢、少子及家庭核心化等多重社会现象交织在一起，共同构成了中国当前人口老龄化的多维面貌。特别是随着女性更多地参与社会就业，家庭的养老功能受到了前所未有的冲击，这使人口老龄化的社会效应被进一步放大。传统的家庭养老模式，尤其是在独生子女家庭中，正面临着巨大的压力。空巢家庭的迅速增加和家庭结构的日益小型化，都使能够承担养老责任的人数大幅减少。世界银行 2015 年发布的《世界发展指标》（WDI）数据显示，无论是以人均 GNP 水平还是以进入老龄化社会的相关指标评判，相对于发达国家而言，我国的人口老龄化具备典型的"未富先老""未备先老"的特征。② 与此同时，专业养老机构的资源供给却远远跟不上需求。目前，中国专业老年护理院的数量有限，且收费较高，很多还不具备医养结合的功能，使失能老年人的专业护理需求无法得到满足，这进一步加剧了养老风险和服务压力。

面对这些挑战，中国政府已经采取一系列措施来加强养老服务体系的建设。从 2013 年开始，政府就出台一系列政策来推动养老产业的发展，并对其进行了具体规划。其中，2013 年 9 月国务院发布的《关于加快发展养老服务业的若干意见》（国发〔2013〕35 号），为养老服务业的全面发展指明了方向。该文件明确提出要建设一个覆盖城乡、功能完善、规模适度的养老服务体系，为老年人提供高质量的养老服务。而 2017 年 8 月财政部、民政部、人力资源社会保障部发布的《关于运用政府和社会资本合作模式支持养老服务业发展的实施意见》（财金〔2017〕86 号），则进一步为养老 PPP 模式的发展提供了政策支持和实施指

---

① 中国发展研究基金会：《中国发展报告 2020：中国人口老龄化的发展趋势和政策》，澎湃新闻，2020（https：//www.thepaper.cn/newsDetail_forward_9582019）。

② 2015 年世界发展指标（https：//datacatalog.worldbank.org/search/dataset/0037712/World-Development-Indicators）。

导。这一模式的引入，旨在通过政府与社会资本的合作，深化养老服务业的供给侧结构性改革，推动其快速健康发展。

作为中国的人口大省，河南省同样面临着严峻的老龄化挑战。根据第七次人口普查数据，河南省的老年人口比例已经超过了1/8，呈现出"未富先老"的特征。这使河南省的社会抚养比不断上升，给社会保障体系和公共服务体系带来了巨大的压力。因此，快速、有效地推进养老服务业发展成为当前河南省迫切需要解决的社会民生问题。

在此基础上，首先，本书聚焦河南省的人口老龄化问题，通过空间维度观察河南省人口老龄化的地域分布特征；借助先进的空间杜宾模型和地理加权回归模型方法，实证探究了河南省人口老龄化对经济增长的具体影响方向和程度；同时，从养老保障、劳动力资源、产业结构、消费与投资以及社会文化五个关键领域，全面分析人口老龄化所带来的深远影响，力求得出理性且客观的量化结论。其次，进一步深入探讨河南省养老服务体系的建设问题，并对PPP模式在其中的应用给予特别关注；深入分析河南省养老服务PPP模式的当前发展状况和实践案例，借鉴国外养老服务PPP模式的先进经验，寻找优化河南省养老服务的有效途径和措施，以期全面推动河南省养老服务事业的蓬勃发展。这不仅有助于应对当前河南省面临的老龄化挑战，构建一套符合中国国情、结构合理、功能完善且能满足老年群体多样化需求的现代社会养老服务体系，确保老年人能够享受到高质量的养老服务，进而促进社会的和谐稳定发展，也为其他类似地区提供了有益的参考和借鉴。

二、研究意义

（一）理论意义

首先，老年群体的增加将对居民消费、社会保障建设、资源配置、经济增长等社会经济活动产生重大影响。因此，分析人口老龄化的时空演变历程和未来趋势及其对经济社会发展产生的影响，对于今后人口老龄化问题的探究及应对动力源泉的把握、建立健全养老保障制度、完善养老基础设施、促进经济社会发展等具有重要意义。

其次，通过梳理河南省人口老龄化对经济社会发展的影响，将有助于形成应对人口老龄化问题的理论研究成果；从人口结构角度出发，丰富了老龄化社会的变迁及相关理论，为今后相关领域的进一步研究提供参考价值。

最后，本书拓宽了福利经济学的研究深度和广度，经过十几年的发展，我国养老保障的研究领域不断扩展，但是关于地区间养老服务的相关实证研究不足。从 PPP 模式角度深入研究河南省养老服务发展水平，不仅扩展了福利经济学研究范围，也有利于为 PPP 模式创新提供理论支撑。

（二）现实意义

首先，河南省不仅是人口大省，也是老年人口大省，河南省老龄化问题也是中国老龄化问题的"缩影"，研究河南省的老龄化问题，可以深入地了解河南省人口发展规律。老龄化是由过去的人口结构变动引起的，未来也将影响人口结构的变化。对人口老龄化进行研究，不仅可以对过去人口发展的规律进行总结，也可以对未来河南省人口老龄化的发展趋势进行预测，从而促进河南省人口的可持续发展。

其次，正确认识和研究河南省人口老龄化问题，对促进河南省经济社会持续健康发展，完善各项老龄工作制度，推动河南省老龄工作高效、有序开展具有重要战略意义。本书为我国老龄化问题的应对提供了具体实践指导和经验，解决老龄化问题有利于社会经济的发展。随着人口老龄化现象不断加剧，加之现在生育率下降，人口结构会发生变化，进而会引起劳动力供给的不足。因此，正确分析和预测河南省人口老龄化的趋势，有利于制定更完善的人口政策，对劳动力资源进行合理配置，从而不断优化河南省人口结构。

最后，养老服务体系构建事关民生问题，事关河南省的改革、发展和稳定，本书深入分析河南省养老服务质量，不仅为养老服务的进一步研究提供了有价值的内容，也有利于对河南省各地区养老服务发展差异予以宏观审视，加快实现河南省全面建成小康社会目标，使人人公平享有社会养老保障，实现"老有所依、老有所养"，更好地保障和改善民生。

第二节　国内外研究现状

西方国家进入人口老龄化阶段的时间早,有丰富的关于养老服务体系建设发展的理论和实践经验。早期研究的主要关注点在人口老龄化方面,19世纪40年代,法国人口学家Alfred Sauvy在*Social and Economic Consequences of Population Aging in Western Europe*一文中首次提出人口老龄化这一现象,并论述了它所带来的一系列经济社会问题,这是比较早的从人口老龄化角度论述经济问题的文章,也开启了人口老龄化研究领域的新天地。1960年,美国学者Clark Tibitz的《老年学手册:社会(经济)诸方面》则使人们首次意识到人口老龄化与社会经济发展有着密不可分的关系。1976年,James H. Schultz在其《老年经济学》一书中,针对个体与群体人口老龄化对经济的影响提出了自己的观点。此后,随着人口老龄化的程度不断加重,西方福利国家的高福利政策下的福利国家危机引发了学术界对社会福利提供主体的讨论。一方面如哈耶克、弗里德曼、熊彼特等大力主张自由市场机制,反对政府干预,重申个人的自由选择与个人责任;另一方面是凯恩斯在其《就业、利息和货币通论》一书中提出,国家应当承担起老年人的社会救济责任,这是市场和个人无法承担的。在此背景下,福利多元主义应运而生,并成为社会政策研究领域中新的理论范式。现就相关的研究梳理如下:

一、有关人口老龄化方面的研究

(一)国外研究综述

1. 人口老龄化(Aging)概念的研究

在西方哲学中,首先研究衰老问题,然后逐渐转向科学。在古代,对衰老的研究主要集中在医学和伦理上。到了中世纪,对老年人病理和心理学的研究不断增加。随着科学和医学的逐渐发展,现代人越来越关注老龄化现象。20世纪30年代,西方学术界引入了人口老龄化(Aging)的概念,并在40年代正式开始研究老年学(Gerontology)领域的问题。由于当时只有少数的老年人,研究主要局限于个人的老龄化问题。随着人口老龄化的加剧，它引发了一系列社会和经济问题，学者逐渐开始关注和研究群体老龄化问题。20 世纪 50 年代出版的《人口老龄化及其社会经济后果》和 60 年代出版的《社会老年学手册——从社会的角度研究老龄化》在学术界引起广泛关注，关于老龄化的学术研究也正式开始。

2. 关于老龄化现象发生原因方面的探索

法国人口学家索维（1948）在其《西欧人口老龄化的社会经济后果》中表示，法国人口老龄化的原因不是在于死亡率低，而是在于出生率低。Coale A.（1968）运用稳定人口理论研究发现，出生率和死亡率是影响人口老龄化的主要因素，为后来的研究奠定了基础。Arsenovic Daniela 等（2009）研究了美国伏伊伏丁那省的人口老龄化特征，发现 Kanjiza 市的人口老龄化归因于过去三四十年低生育率及高移民率。按 Bloom 等（2011）的观点，老龄化问题出于两点原因：一是生育率的下降导致劳动力数量减少；二是预期寿命的提高导致老年人数量增多，出生率和死亡率的变化导致发达国家老龄化程度较高。

3. 关于老龄化问题的理念指导研究

不少学者对人口老龄化提供了理念指导，为各国开展老龄工作提供了思路。Rowe 和 Kahn（1997）首次提出"成功老龄化"来打破老年人无能论，他们认为，老龄化和生产力并不是完全脱离的两个阶段。老年人生产力低下的原因只是疾病和其他不利的条件。他呼吁对妨碍老年人发挥作用的障碍进行消除，促进他们参与工作。Rowe 和 Kahn（1997）指出，一个良好的老龄化社会可以使老年人保持身体健康、身心愉悦平衡、延缓衰老，从而更好地参与社会工作并且服务于社会大众。该理论由三部分组成：①发病率和致残率都很低；②积极参与社会生活；③维持清晰的高水平认知和生理功能。良好的老龄化社会是对老龄化生产力的再开发，这为人们思考衰老提供了理论依据。在 1990 年的哥本哈根会议上，有学者首次提出健康老龄化，强调了老年人的身体和心理两方面的健康，这为将来从不同角度思考老龄化问题提供了思路。1997 年在丹佛举行的七国会议上第一次确立了"积极老龄化"概念，其主题为"健康、参与、保障"，强调必须尊重老年人的决定和权利，这已经作为政治宣言列入联合国第二次老龄问题世界大会，为老年人融入社会创造了有利条件，确保他们做自己想做和能做的事情，以及对待老龄化要持积极态度，让老年人也成为社会发展的重要动力。

4. 关于老龄化问题及其对经济社会影响的研究

Maxime 等（1999）对包括加拿大在内的七个成员国进行分析，研究发现一个地区的国民储蓄和人均 GDP 将会随着该地区人口老龄化比例的上升而降低。Peterson（1999）发现，人口老龄化对经济的影响涉及六个方面：经济衰退、公共预算赤字增加、医疗卫生的负担增加、宏观经济萎靡、储蓄和劳动力的减少、市场缺乏活力。总的来说，关于老龄化对经济和社会影响的研究结果并不一致。Fougère 和 Mérette（1999）发现，人口老龄化能够在一定程度上促进经济增长，这是由于老龄化增加了人力资本的积累，使父母增加对子女教育的投资。而 Borsch Supan 等（2001）认为，老龄化会减少劳动力的供给，从而导致长期经济衰退。Gerdtham（1993）等收集了 1970~1985 年瑞典 23 个地区的面板数据进行实证分析，发现老龄化给医疗服务、财政税收带来了负向影响。Feyrer 和 James（2007）指出，人口老龄化会导致劳动投入增长率下降，从而降低社会总产出。

5. 关于应对老龄化问题方面的研究

如今，国外对应对老龄化问题的研究主要集中在政府对家庭的社会责任、政策的制定等方面。Bass 和 Caro（1995）认为，出台政策、法律和法规是增加老年人参与生产活动的最佳方式，并第一次提出生产性老龄化的概念。Peterson（1999）提出六个应对老龄化挑战的基本策略：①提高生育率；②增加教育和就业投资；③延长工作年限；④通过移民增加工作人口；⑤加强代际关系；⑥加强国家养老金制度建设，鼓励老年人增加储蓄。Alhassan 和 Neysmith（2013）通过分析西非老年人职业的政策历史以及对西非人口老龄化趋势进行预测，讨论了西非城市和农村地区人口老龄化的性别差异，并对此提出有效的政策建议，这对西非老年人的社会保障问题具有重要意义。

6. 关于人口老龄化的空间分异研究

Goodman 和 Allen（1987）使用基尼系数和洛伦兹曲线，运用定量的方法来衡量费城、巴尔的摩和匹兹堡的老年人口分布，研究发现，匹兹堡有较多的老年人口，但人口分布较为分散；而巴尔的摩和费城的老年人口数量较少，但老年人口分布较为集中。其他学者以定性研究为主，无法客观地描述人口老龄化的空间分布和区域动态变化。Shrestha（2000）通过对发展中国家人口老龄化进行研究指出，发展中国家人口老龄化率远远高于发达国家且其老龄化速度更快。Anderson 和 Hussey（2000）在 *Pupulation Aging：A Comprison among Industrialized Countries* 一文中从地理学的角度出发，认为不同地区因地理条件差异，人口老龄化呈现空间分异特征。

（二）国内研究综述

中国在 20 世纪末进入老龄化社会的初级阶段，随着中国人口老龄化问题越来越严重，越来越多的国内学者开始研究老龄化的相关问题。研究的基本情况综述如下：

1. 关于人口老龄化现象及其产生原因的研究

邬沧萍等（2004）指出，我国人口老龄化有老龄人口数量多、老龄化发展速度快、城乡地区差别大和未富先老等特点。田雪原等（2005）指出，随着老龄化程度的不断加深，人口年龄结构老化影响的深度和广度将逐渐显现出来。邬沧萍和谢楠（2011）认为，加速老龄化是中国历史发展的选择，这也正是中国老龄化进程的特殊性。侯大强（2012）认为，人口老龄化是社会经济和人类自身发展的结果之一。在一定程度上，湖北省人口老龄化是人民生活水平提高、计划生育政策实施、医疗卫生事业发展和人口预期寿命延长的结果。穆光宗（2012）认为，目前我国面临着全新的人口形势和前所未有的人口危机。唐纳军（2013）着重将汉中市人口老龄化情况与陕西省和全国、周边地市以及市内各县区进行多角度对比分析得出，汉中人口老龄化的严峻形势是长期以来汉中市人口出生率稳定在低水平和全市常住人口因外出劳动力增多而比户籍人口少了近 40 万所致。李超（2015）认为，中国的人口老龄化具有老年人口总量大、老年人口代际更替明显等特点，他以老年人需求为基础将老年产业进行了分类，并以此提出相关的产业发展战略。

2. 关于老龄化理论的研究

近年来国内学者围绕老龄化理论的研究取得了很大的进展，首先，穆光宗（2007）提出"和谐老龄化"理论，其主要观点是老年人在行使权利或争取自身福利时不应损害他人和社会的利益。邬沧萍（2013）提出"发展、和谐、共享"

的老龄化应对思想。党俊武（2018）则提出"科学老年观"思想，即在生命历程的视野下正确对待老年人不同于其他年龄群体的特殊性。

3. 关于老龄化问题及其对经济社会影响的研究

周桂兰（2011）运用人口转变理论、健康老龄化理论和福利经济学，研究了人口老龄化对安徽省社会发展的负面影响。这主要表现在老年人受扶养比例的增加和老年人受扶养时间的延长，这将增加老年人的支出和家庭负担。党俊武（2012）认为，思考老龄化问题是人们对自己本身的思考。余明江（2014）收集了 2000~2010 年安徽省的相关数据，基于索洛增长理论建立了解释人口老龄化与经济发展关系的数学模型，利用实证分析的方法为进一步的研究奠定了基础。张燕（2016）认为，有效应对老龄化将会产生积极的结果，老龄化将给老年人带来就业需求，增加第三产业在经济中的比重。而胡玉坤（2017）则持不同的观点，认为老龄化只会带来更多的公共卫生问题。

4. 关于应对老龄化问题的研究

关于应对老龄化问题，很多学者提出了建议，穆光宗（2011）指出，如果要维持社会稳定，就要形成良好的人口关系，理想的人口格局是年轻人口的供给超过老年人口的需求。邬沧萍等（2004）指出：在制定老龄化相关政策时，政府应该结合当地的经济社会发展水平。此外，在我国未富先老的背景下，要想提高老年人的生活质量不仅需要政府的政策支持，同时也需要社会的参与和群众的支持。邬沧萍和谢楠（2011）指出，中国在应对老龄化方面具有优势。郅玉玲（2010）提出了涵盖家庭护理、医疗护理和教育服务等在内的五种运作模式，旨在构建社区居家养老服务体系并解决老龄化相关问题。刘龙（2013）认为，要科学解决人口老龄化问题，必须采取以下两项措施：一是必须促进经济发展，改善社会财富积累；二要深化养老保险制度改革，如深化医疗体制改革、完善保护老年人权益的法律法规、完善社会保障体系等。唐凤安（2016）归纳并介绍了三个代表性较强的国家在应对老龄化问题时的主要做法：①美国联邦政府格外重视对应对人口老龄化系列问题的法治建设并注重公平建设；②澳大利亚在应对人口老龄化的实践中，充分发挥政府在养老机构规划建设、资金投入、人才培训、服务质量评估等方面的主导作用；③日本十分重视老年人力资源开发所发挥的作用，注重发展老年教育和涉农产业。李佳茵和刘长生（2016）从地方政府责任的角度出发，认为地方政府应综合运用经济、法律和行政手段不断推动人口老龄化朝着健康的方向发展，具体包括地方政府引导公民树立积极的养老观念、构建老年人口社会参与平台、大力发展老年教育、完善社会保障体系、提高养老金的给付能力。樊儒经和张雯（2019）提出，应倡导"共享、创新和可持续"理念，做到流动人口红利的可持续发展。李倩倩（2017）则认为，机构养老是选择特定的养老机构来享受养老服务的一种养老方式，它主要依靠国家支持、家庭资助或老年人自理的方式获取资金，根据经营性质的不同，目前我国机构养老的运行模式分为公办公营、民办民营、公办民营和民办公助四种。

5. 关于老龄化空间差异的演变特征、动态演进及影响因素等方面的研究

史薇（2013）通过比较分析金砖国家发现，不同的金砖国家其人口老龄化程度、速度和经济发展水平之间存在不同的关系，即各个金砖国家的老龄化问题既具有共同特征也具有差异性。张开洲和陈楠（2014）运用空间数据分析的探索性方法对人口老龄化区域差异进行研究，分析福建省1990~2010年人口老龄化的时空特征发现，人口老龄化的总体空间格局存在很强的相关性。从沿海到内陆的热点开发属跃迁式突变；而边缘区发展方向则相反，属于逐步收缩式变化。徐超然（2014）利用贵州省2004~2011年的相关统计数据，运用主成分分析、灰色关联分析和灰色预测发现，人口结构、城市化率等指标是影响贵州省人口老龄化的最主要因素，社会发展和政府政策是贵州省人口老龄化的重要组成部分。刘华军等（2014）利用GIS绘制出我国各省份人口老龄化空间分布图，可以直观了解我国东部发达地区人口老龄化水平普遍高于中西部地区；并进一步利用Kernel密度估计法分析老龄化空间分布动态变化发现，人口老龄化的地区差异不断扩大，地区差异是造成总体差异的原因。陈红岩（2016）从时间、空间两个维度，采用ArcGIS和Geo Da软件分析安徽人口老龄化的时空演变，发现人口老龄化整体上呈现由西北向东南渐进下降的趋势，在空间上存在非均衡分布。康江江等（2016）研究中原城市人口老龄化时空格局发现，城市人口老龄化程度越来越深，高水平老龄化城市数量逐步增多。周春山等（2018）采用因子生态分析方法、聚类分析法对2010年广州市的人口老龄化空间分布特征进行分析，以此划分老年

人口社会空间地域类型，将两者叠加分析，得出广州市人口老龄化空间可划分为八种类型区并呈圈层和扇形分布的特征。

二、有关养老服务方面的研究

（一）国外研究综述

21 世纪初期，德国、日本等国家陆续进入超级老龄社会，国外学者的研究重点开始转向养老服务模式的理论和实践研究，各国的养老模式发展和理论探讨基本遵循"家庭养老—机构养老—社会化养老—多元化养老"这一轨迹（张洋，2016）。主要研究成果包括：①Cantor 和 Virginia（1985）从解决老年人主要困难的角度，认为养老服务应涵盖个人社会化与发展、日常生活协助、健康就医协助方面。②Schopflin 和 George（1991）指出，老年人社区照顾服务是以非制度性的形式对老年人予以安置与照料，具体涉及家庭保洁、日常照护、饮食等。③Cox Enid（1994）对当前社会中存在的几种养老方式进行了介绍并对其各自的优势进行了详细分析。④Yale 和 Peter（2008）也在其研究中指出，老年人的需求是复杂的，选择何种养老方式要根据老年人不同的需求来确定。此外，美国杜克大学开发的"美国老年人资源与服务量表"（The Old Americans Resources and Service，OARS），从社会资源、经济资源、精神健康、身体健康和日常行动（ADL）五个维度，将老年人服务需求划分为家政、巡视、交通、照护、护理、持续性看护、心理健康、个人事务和综合评估等 24 项内容。

对于具体养老模式的研究，社区养老是国外学者研究养老服务的基本视角。Segal 等（1980）指出，社区照顾衍生出社区居家养老，主要包含居家居住和社区照顾两方面。Sharfstein 等（1976）指出，社区照顾在医疗康复上不仅成本较低而且对老年人的身心均有很大帮助。Skellie 等（1982）、Abrams 和 Alexopoulos（1988）认为，社区长期照顾在养老成本和养老效果上均优于机构照顾。Sherry Anne-Chapman（2002）认为，由于机构养老照料存在服务程式化、花费较高等缺点，因此由社区向居家老人提供照料服务是最便捷也是最适宜的养老服务模式。英国《社区照顾白皮书》也指出，"社区照顾是指为被机能障碍所困扰的老年人提供服务和支持，以达到让他们能够尽可能在自己家中或社区内类似家庭的环境中过着独立的生活"。此外，Baldock 和 Evers（1992）认为，社区照顾应当以老年人需求为导向，完善服务项目、服务标准、服务管理等，走多元化发展路径。Meredith（1993）指出，社区照顾需在老年人住房、日常照料、医疗康复、精神慰藉、心理咨询、社交文化活动等方面提供科学系统的养老服务。Heather（2006）也认为，社区照顾需要多元化发展，充分调动社会工作者、社区居民的资源优势，为老年人提供高效的养老服务。Muramatsu 等（2010）通过长期对美国全国老年人开展实际调研，对数据进行分析，提出社区照顾应向长期照料方向发展。还有学者讨论了社区照顾的分类，Thomicroft 等（2010）将社区照顾分为社区内照顾（Care in the community）和由社区提供照顾（Care by the community）的观点得到了普遍认同。

20 世纪 80 年代，随着人口老龄化状况日益加剧，卫生服务、长期护理服务支出不断上升，给国家财政带来了沉重压力。国外学者开始关注老年人日常行为能力和环境中资源可及性的相互关系，揭示了发展社区养老服务和优化老年人宜居环境的必要性和可行性。Kahana 等（2004）认为，能力不单独取决于个体或环境。当老年人的能力与环境要求和资源相匹配时，能力行为才会发生。在此基础上，Lemlouma 等（2013）提出了一个依赖型智慧养老服务体系框架（AG-GIR），AGGIR 能够对老年人进行依赖型评估，从而满足老年人的服务需求，并提供更加人性化的信息化服务。Bujnowska 等（2015）调研了波兰 60 岁以上人群，其中，约 41% 的老年人支持联网获取医疗服务；Soar（2010）提出，在澳大利亚，尽管养老服务暂时还未成为信息通信技术应用的主要模块，但养老服务是信息通信技术和互联网应用的重要投资方向。

近年来，国外学者的研究热点集中于老年人精准化养老服务供给方面。其中，国外学者在研究养老服务供给主体的界定时比较明确，依据多元福利主义理论，供给主体积极引入市场竞争，将政府、家庭、社区、社会组织等界定为主体地位。例如，Stoller 和 Pugliesi（1988）提出，养老服务供给主体之一的家庭在日常照料上发挥着独有的养老作用；Dony（2011）指出，社区的暂托服务能够分担家庭及其成员的养老负担，从而使社区与家庭在养老服务供给中相互协调。此外，Iain 等（2004）指出，在欧洲各国养老服务中，荷兰、捷克、北欧各国拥有更加丰富的正式照顾资源。Dinham A.（2005）指出，英国社区作为养老服务供给主体，其供给能力较强，能够较好地满足社区老年人的养老需求，并且形成较为完善的养老模式。

学术界对养老服务的 PPP 模式也有深入探讨。例如，Krishna（2003）认为，PPP 是地方政府与商业社会建立的关系，而 Johnston 和 Romzek（2005）进一步明确了这种关系的合作性质。Weihe（2010）则指出 PPP 定义的地域性差异：在英国，它被视为一种规范的长期基础设施合同；在美国，它表现为一种资本组合；而在东欧国家，PPP 更多地与中央向地方分权的社会变革相联系。

（二）国内研究综述

2000 年以前，学者对社会化养老服务体系的研究比较分散，并没有形成统一的认识。2000 年至今，国内已经涌现出大量有价值的科研成果，对我国养老服务体系发展与完善的认识不断提高，主要结论集中在以下四个方面：

1. 关于养老服务体系概念的研究

我国养老服务体系的概念主要见于政府相关文件。2000 年 2 月国务院办公厅发布《关于加快实现社会福利社会化的意见》的通知，并在 2006 年最终确定为"以居家养老为基础、社区服务为依托、机构养老为补充的服务体系"，并于 2011 年更改为"建立以居家为基础、社区为依托、机构为支撑的养老服务体系"，2017 年则更新为"居家为基础、社区为依托、机构为补充、医养相结合的养老服务体系"。养老机构的作用经历了从"补充"到"支撑"再到"补充"的过程，体现出机构在养老服务体系中地位的变化过程以及我国老年人养老服务需求的过程变化。同时，养老服务体系内涵得到进一步扩大，政府开始鼓励社会资本向养老服务市场流入，服务内容上更加强调质量，从提供基本服务升级为多层次多样化的养老服务。

除了上述政府文件的表述外，学术界对养老服务体系的概念还做了一些讨论。大部分学者直接采用政府的表述或是与政府表述接近的提法，还有部分学者则给出了更宽泛的含义，囊括了老年人晚年生活的方方面面。但是，过分追求全方位覆盖反而会使这样的概念越发偏离养老服务的本质属性。因此，董红亚（2012）认为，不能将老年人所需的一切社会服务纳入养老服务体系中，否则很难体现养老服务体系建设的本质属性。此后，随着政府部门文件的不断丰富，学术界对养老服务体系的研究开始由概念的讨论转向了对养老服务体系内容的研究。

2. 养老服务体系的相关研究

学术界对于养老服务体系的提法主要有以下三个方面：一是与政府的观点一致或者相似，即家庭养老是基础、社区养老是依托、机构养老是补充，是一个多层次的系统。例如，刘畅（2012）提出，建立一个由个人、家庭、社会、企业和政府共同组成的养老服务保障体系，是我国养老服务体系的基本模式，强调应当提倡一种混合经济模式，整合政府、非政府、社区、企业和各机构的资源，提供各种有差异的、不同模式的服务，来构建我国养老服务体系以及实践我国养老服务事业。刘益梅（2011）赞同了政府的观点，提出要建立社会化养老服务体系，即包括以居家养老为基础、机构养老为补充，多主体、多元化、多层次提供服务。二是宽泛意义上的提法。金双秋和曹述蓉（2011）提出，为了完善养老服务体系要建立健全养老服务机构体系、老年人服务制度体系、老年人供养服务体系、老年人医疗服务体系、老年人再就业服务体系、老年人继续学习服务体系、养老服务人力资源开发体系。这就把与为老年人服务相关的内容都包括在内。三是更为广义的提法，将养老保险包含到系统中。

此外，随着研究的深入，部分学者从养老服务标准角度研究老年人养老服务发展境况，且研究较为详细。在养老服务供给方面，李兵等（2011）认为，基本养老服务应以困难老年群体及其家庭为优先和重点，要与国家的社会经济发展水平相适应，是低偿或无偿的，要注意从老年人的需求出发，合理规划、合理布局。栾秀群和陈英（2013）认为，基本养老服务体系主要是指与经济社会发展水平相适应，以满足老年人基本服务需求、提升老年人生活质量为目标，面向所有老年群体，提供基本生活照料、护理康复、精神关爱、紧急救援和社会参与等由设施、组织、人才和技术要素形成的网络以及配套的服务标准、运行机制和监督制度。魏加科和牛飚（2014）认为，基本养老服务体系是指以养老服务的社会化、专业化、标准化建设为方向，以满足孤老救助对象、孤老优抚对象及中低收入老年人基本养老服务需求为重点，并适当引导和支持高端养老服务发展，逐步建立健全与我国人口老龄化进程相适应、与经济社会发展相协调，以居家养老为基础、社区服务为依托、机构养老为骨干，基本覆盖城乡、适度普惠的养老服务体系。王细芳和王振州（2014）认为，养老服务具有准公共物品性质，政府必须发挥主导作用，从满足老年人分层化、多样化的需求出发，以社区为载体，建立养老服务供需对接平台，整合政府、市场、社会、家庭和个人的养老服务资源，构建城市养老服务体系。吉鹏和李放（2016）通过 DEA 系统对政府购买养老服务的效率展开评价，主张应在加大养老服务购买力度的同时注重购买结构的优化，保证服务项目的多元化。

3. 关于养老服务模式的研究

目前我国学者对这一方面的研究比较集中但又各有侧重。章晓懿和刘帮成（2011）认为，政府购买养老服务模式建立的必要条件之一是转变政府职能，充分条件是建立双方共赢的目标，政府经费支出应与养老服务发展规模呈正相关关系。王培培和李文（2016）建议对我国社会养老服务体系建设进行重构，并提出 PPP 具体模式的探索，分别是合作共建模式、特定项目合作模式、统一完善合作模式和服务外包模式，目标是建立以合作为核心的社会养老服务体系。李立敏和曾飞凡（2017）从对福建省各种养老服务模式的比较分析中得出两个结论：一是养老机构床位总量不足，二是养老机构的入住率偏低。养老服务业必须实体化运营、社区化承载、平台化对接"三化并举"，切实提高服务的效率和效益，才能确保持续健康快速发展。与此同时，高雯等（2018）对美、日、英三国的养老服务方式、内容和经验进行了初步探索和研究，分析政策导向，提出对我国的启示，整理出我国现有的社区"医养结合"模式概况及相关政策，并采用 SWOT 分析法对社区医养结合的优势与劣势和外部机遇与威胁进行分析。随着人口老龄化程度日益加深，越来越多的老年人日常护理、医疗保健、精神慰藉、急救护理和临终关怀等服务需求不断增长，且对这些服务项目的市场细分有多样化、多层次需求。杨璟（2018）提出，目前传统的家庭养老和社会养老模式面临挑战，社会养老责任逐渐从政府转向多元化发展格局。为了解决社会化养老问题，应创建适合中国国情的专业社区互助休闲养老模式。

4. 养老服务 PPP 模式的研究

在我国，政府文件中通常将 PPP 称为"政府与社会资本的合作模式"，强调在基础设施和公共服务领域建立长期合作关系。我国学者对 PPP 的研究日益丰富和深入，不仅关注其定义和分类，还探讨其实施条件、评估标准以及潜在的社会价值。例如，郭沛源和于永达（2006）从广义、狭义两个层面对 PPP 进行了解读：在广义上，任何私营部门参与的公共事务均可视为 PPP；在狭义上，在此基础上还需满足双方主动合作及明确参与方式与利益分配两个条件。贾康和孙洁（2009）在研究中首次从管理角度界定了 PPP 的概念，强调社会资本资源的参与以及先进生产和管理技术的引入，以实现公共管理职能和社会综合效益的最大化。赖丹馨和费方域（2009）提出，PPP 是一种突破传统模式的公共服务供给方式，其中 PPP 联合体负责基础设施项目的建设与运营，这种合作模式由政府发起，旨在建立公共部门与私人部门之间的合作桥梁。韩俊魁（2009）则将 PPP 视为非政府组织（NGO）参与政府采购的一种途径。陈晓安（2010）认为，公私合作即 PPP，是指政府部门与私营部门为完成行政任务而结成的一种制度性合作。杨团（2011）进一步细化了 PPP 的分类，将其划分为公办民营和民办公助两种模式，前者指政府兴建并委托民间资本经营，后者则是民间资本兴建而政府予以补贴的合作方式。周佑勇（2015）将政府购买服务视为一种规范化体系，即政府通过契约关系将特定公共服务指标交由非营利组织或营利组织等主体来完成，并根据一定标准来进行评估和付费。尽管我国在 PPP 模式上的应用起步较晚，但自 21 世纪初以来，我国已在探索中取得了显著进展，现在 PPP 已在各公共服务领域得到广泛应用，并逐步进入规范化发展阶段。

此外，国内学术界已经从不同角度对养老服务 PPP 展开了深入的探讨，这些研究主要集中在以下五个方面。

第一，关于 PPP 模式在社区居家养老服务业的适用性问题，郜凯英（2015）和肖振伟（2019）等分析了我国社区居家养老存在的问题，并讨论了 PPP 模式在资金、风险和运营等方面的优势。郝涛等（2017）强调了政府和社会资本在 PPP 模式中的互补作用，以及其在解决养老服务供给问题中的有效性。孙玉栋和郑垚（2018）则系统分析了 PPP 模式在养老事业中的潜在问题和优势，并提出科学发展 PPP 养老项目的建议。王东和房盼（2021）通过地域性和模式运行差异的分析，总结了影响 PPP 项目高质量发展的核心因素，并提出多元化解决路径。

第二，对于社区居家养老服务 PPP 模式存在的问题，学者也进行了深入研究。王巍（2016）、徐梦薇（2017）、刘耀东和孟菊香（2018）、侯晓艳和雷云云（2019）等指出，国内社区居家养老可持续发展 PPP 模式存在法律法规不健全、资金获取和更新能力不足、风险共担机制缺失以及监督与绩效评估机制不完善等问题，并进一步揭示了利益空间狭小的问题。韩喜平和陈茉（2018）关注到项目规划不合理和供需脱节的问题，强调了中低端养老需求与高端供给之间的矛盾。沈俊鑫和顾昊磊（2020）则对影响 PPP 项目落地的因素进行了分析，得出激励补偿机制、政府管理体制和融资政策是重要原因，地方财政是次要原因。

第三，在社区居家养老服务 PPP 项目案例分析方面，胡桂祥和王倩（2012）则从可行性和必要性的角度出发，论证了社会资本参与养老服务的合理性，并提出了 PPP 项目建设的思路和优势。关鑫（2013）对采用 PPP 模式建设养老机构中政府和私人部门的职责进行了分析，并提出我国运用 PPP 模式建设养老机构的针对性建议。巢莹莹和张正国（2016）以上海市为例，研究了 PPP 模式在解决养老服务业结构性问题中的应用。王培培和李文（2016）则对社会养老服务体系建设进行了重构，并尝试探索具体的 PPP 模式。刘军林（2017）以南昌市万达星城社区为例，分析项目运行中存在的问题，包括相关法规不健全、政府政策落实不到位、筹资渠道不通畅、获利空间狭小，并提出完善 PPP 运作模式的建议。章萍（2018）以赣州市章贡区社区居家养老服务 PPP 项目为例，分析项目运行存在的问题，包括制度性保障欠缺、融资渠道单一、养老服务专业队伍短缺，进而提出优化 PPP 运作模式的政策建议。

第四，在养老服务的供给主体方面，蔡晓琰和周国光（2016）等强调了由政府、企业和个人资本以及多方构成的 PPP 模式在养老服务中的优势。他们认为，正确处理政府、市场和社会之间的关系是发挥 PPP 模式优势的关键。孙玉栋和郑垚（2018）对 PPP 项目的优势进行了详细论述，并提出实现平稳过渡的建议。徐宏和岳乾月（2018）通过实地调研发现存在治理环境不佳的问题，并提出相应的改善措施。其他学者如徐宏和岳乾月（2018）、徐宏和商倩（2019）等还关注融资渠道、质量评估体系以及利益共享和分配机制等方面的问题，并提出相应的解决策略和建议。此外，许莲凤（2021）提出，股权合作模式有助于提升 PPP 项目落地率；黄妍（2020）则强调 PPP 防范机制；韩喜平和陈茉（2018）、岳向华和林毓铭（2019）等进一步提出构建养老服务 PPP 质量有效监督机制，平衡政府保障社会福利和社会资本获取经济效益。

第五，在养老产业 PPP 模式的收益和风险研究方面，宋永发和陈鹏慧等（2019）建立了利益分配模型，对影响因素进行了调整分析。司红运等（2018）构建了系统动力学仿真模型，分析了收益趋势和运营策略。余翔宇（2019）关注了收益因素的敏感性和合同条款的设置问题。在风险方面，李文琴等（2017）对风险进行了分类和定量分析，提出了风险分担和防范机制等策略。郝涛等（2017）也强调风险分担的重要性，并提出具体的分担建议。其他学者如郑生钦和冯雪东（2016）、赵锡锋（2019）等也对风险问题进行了深入研究，并提出相应的观点和建议。

5. 关于养老服务供给的研究

随着中国福利社会化改革的不断深化，大部分学者认为家庭、政府、市场以及社会是养老服务的供给主体。在家庭方面，邓颖等（2003）研究发现，家庭养老成本低于机构养老，因此建构以家庭养老为基础的综合社区养老服务是提高养老效用的有效途径。但是，随着人民生活水平的提高以及对自由独立生活的追求，代际双方的照料观念产生了差异，我国老年人的照料方式从一元化向多元化方向转变（刘妮娜和郭月青，2016）。在政府方面，郭林（2014）、柳仕奇（2014）都认为，政府应该鼓励民营资本参与养老服务体系建设，同时发挥"看得见的手""看不见的手"的双重作用，通过顶层设计保证市场在资源配置中发挥基础性作用。周兆安等（2015）也提出，政府购买养老服务的主体是需求主体、购买主体和承接主体，服务内容以居家养老服务为主，实现形式是购买。在市场层面，高传胜（2015）和邓汉慧等（2015）则提出，将社会企业这一新兴社会组织引入养老服务供给领域，这将有助于满足老年人个性化、多层次的养老需求。在社会层面，有部分学者认为家庭的小型化、核心化使家庭养老在人、财、物和制度等方面都面临严峻挑战，因此社会化的养老方式必然会成为主流。邬沧萍（1998）指出，社区、市场、非营利组织已成为当前城市养老服务的主体，社会提供养老资源是社会养老系统的核心内容。周云和封婷（2015）也认为，城市社区居家养老服务的发展可以作为未来农村养老服务建设的路径借鉴，城市老年人的需求也可能是农村老年人未来的需求。此外，部分学者运用实证方法分析了我国养老服务的供给功能。例如，丛春霞和彭歆茹（2017）根据2011年中国老年人健康影响因素跟踪调查的数据，分析了中国城市社区居家养老服务的供需现状，研究结果显示，我国居家养老服务中的生活照顾服务供给、医疗保障服务供给、精神慰藉服务供给远不能满足老年人需求。康蕊和江华（2018）则运用社会保障水平公式计算养老服务投入水平，通过变异系数等方法得到养老服务中政府和社会资本投入与经济发展的适应性水平，研究发现，养老服务中政府和社会资本投入基本适应经济发展。

三、研究述评

尽管上述国内外学者针对老龄化与养老服务体系建设研究的情况零散琐碎，但也值得探讨。总体来看，在老龄化研究方面，国内外大多数学者对人口老龄化现状、特点、问题等方面进行了较多阐述，大多偏向于定性分析和统计描述，但对于老龄化问题缺乏深度解析，对应对老龄化缺乏系统研究，缺少定量分析。与人口学、社会学和经济学等学科对人口老龄化进行的研究相比，地理学的相关研究起步较晚、相关研究内容稀缺，且研究主要集中在人口老龄化的时空差异、驱动因素、空间集聚趋势等方面，从时间和空间上对老龄化进行的研究相对较少。在养老服务研究方面，对地方养老服务质量进行评估的研究仍有不足之处。例如，现阶段河南省PPP模式的发展还有诸多问题，关于家庭主动性、社区的福利性功能、社会组织的参与力度等研究不足，且对影响养老服务供给主体发挥供给能力因素的研究还非常薄弱。关于影响养老服务供给能力的因素、现存问题、导致原因、对策建议等缺乏研究。大多数研究领域仅限于定性分析和理论分析，从定量角度进行研究分析的文献还较少，这进一步限制了研究结论的说服力和实用性，必须要在制度可行性的论证方法上加以突破，即需要通过定量分析方法进行宏观分析和微观测算。

所以，本书基于福利经济学理论、人力资本理论、福利多元主义等理论基础，首先，研究河南省人口老龄化现状、空间分异及老龄化对社会经济的主要影响；其次，通过调查河南省各地级市养老服务发展水平，探究河南省养老服务PPP 模式的可行性，通过案例分析揭示河南省养老服务 PPP 模式面临的问题与挑战；最后，对国内外养老服务 PPP 模式进行比较，提出适合河南省养老服务体系构建的优化措施，以实现养老服务的供需平衡。

第三节　研究思路与主要内容

随着社会的不断进步和经济的持续发展，河南省作为一个人口大省，面临着日益严峻的人口老龄化挑战。人口老龄化不仅对河南省的经济社会发展产生了深远的影响，也给养老服务体系建设提出了新的要求。本书围绕河南省人口老龄化与养老服务体系建设展开全面而深入的分析，旨在探究人口老龄化对经济社会发展的影响机制，并提出应对人口老龄化与建设养老服务体系的综合策略。全书研究内容主要围绕以下六个部分展开：

第一部分为绪论和相关概念与理论基础（第一章和第二章）。首先，介绍研究的背景和意义，对国内外关于人口老龄化和经济社会发展影响的研究进行梳理和评述。其次，明确本书的研究目标、研究内容、研究方法以及技术路线，为后续研究奠定了坚实的基础。最后，对关键概念进行详尽阐释，明确其内涵与外延，并深入剖析福利经济学、人力资本理论等理论，为后续章节的论述奠定坚实的理论基础。

第二部分为河南省人口老龄化与养老服务的现状及特点（第三章）。在这一章中，通过对河南省人口老龄化与养老服务的现状及特点进行梳和分析，揭示了河南省在人口老龄化进程中所面临的挑战以及养老服务的不足之处。河南省老龄化程度不断加深，老年人口数量持续增加，而现有的养老服务体系尚不能满足老年人的多样化需求。养老服务供给不足、服务质量不高、服务价格不合理等问题普遍存在，给老年人的生活带来了诸多不便。因此，加强养老服务体系建设，提高养老服务质量和水平，成为当前河南省亟待解决的问题。

第三部分为河南省人口老龄化时空演变趋势及预测（第四章）。这一部分主要利用面板数据和 ArcGIS 软件，从时间和空间两个维度对河南省人口老龄化的演变趋势进行深入研究。通过可视化数据和空间分析方法，本书揭示了人口老龄化在河南省不同地区的空间分布特征和变化规律。同时，利用三层 BP 神经网络模型对河南省未来的人口老龄化发展趋势进行预测，为政策制定提供科学依据。

第四部分为人口老龄化对河南省经济社会发展的影响分析（第五章）。本书以索洛模型为理论基础，通过空间杜宾模型和地理加权回归模型方法，实证研究河南省人口老龄化对经济增长的影响方向和大小。此外，本章还从养老保障、产业结构、劳动力资源、消费和投资、社会文化五个方面分析人口老龄化的综合影响，为政策制定者提供全面而深入的分析结果。

第五部分为老龄化背景下河南省养老服务 PPP 模式建设的探究和发达国家老龄化应对与养劳服务 PPP 模式经验借鉴（第六章和第七章）。PPP 模式作为一种新兴的公共服务供给方式，具有政府和社会资本合作、风险共担、利益共享等特点，在养老服务领域具有广阔的应用前景。通过对河南省养老服务 PPP 模式的可行性进行分析，发现 PPP 模式在养老服务领域的应用具有诸多优势，如减轻政府财政压力、提高养老服务供给效率、促进养老服务创新发展等。同时，本书提出河南省养老服务 PPP 模式构建的前提条件、实践案例分析和面临的问题与挑战。在此基础上，通过发达国家应对老龄化问题和完善养老服务 PPP 模式的经验借鉴，系统梳理和分析发达国家在应对老龄化和养老服务 PPP 模式方面的成功经验和典型案例，提炼出对河南省具有借鉴意义的政策措施和运作模式，为河南省乃至我国其他地区提供有益的借鉴和启示。

第六部分为应对人口老龄化与建设养老服务体系的综合策略（第八章）。结合前文的研究结果，本书提出应对人口老龄化与建设养老服务体系的综合策略。这些策略包括加强顶层设计与政策支持、构建多元化的养老服务模式、强化人才培养与引进、推进养老服务科技创新以及加强国际交流与多方合作等方面。这些策略的实施将有助于河南省构建适应老龄化趋势的养老服务体系，提高老年人的生活质量和幸福感。同时，建议政府和社会各界应共同努力，形成全社会共同参与的良好氛围和合力推动机制，为应对老龄化问题提供有力的保障和支持。

综上所述，本书的研究思路和主要内容紧密围绕河南省人口老龄化的现状、特点、演变趋势及其对经济社会发展的影响展开，并且针对国内外养老服务 PPP 模式进行深入分析，旨在为政策制定者提供科学决策依据和实践指导。通过全面深入的分析和研究，本书期望为河南省乃至全国其他地区应对人口老龄化问题提供有益的参考和借鉴。具体结构框架如图 1-1 所示。

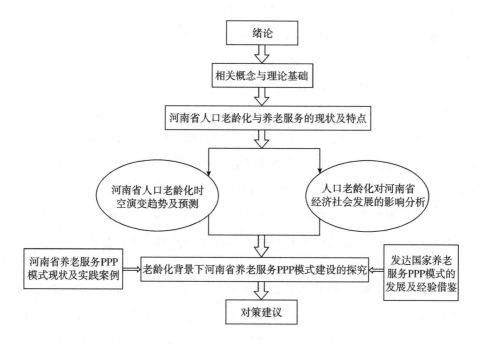

图 1-1　本书的研究框架

第四节　研究方法

本书主要采用以下三种研究方法：

（1）文献研究法。本书从人口老龄化问题入手，从相关文献资料中收集有关老龄化问题的数据，了解人口老龄化发展历程及现状，厘清其有关规律，进一步对养老服务 PPP 模式相关的数据和文献进行分析，总结国外发达国家先进的养老服务 PPP 模式经验,为撰写本书做好前期准备。

(2)定量与定性相结合的方法。在研究老龄化问题时,本书利用相关人口数据、统计数据、调查报告和图表,深入分析老龄化相关数据之间的关系,确定其规律性,将定性和定量的方法进行有机结合,从而能够深入分析老龄化问题及其影响。在分析养老服务 PPP 模式时,特别关注了养老服务的需求、供给、服务质量以及服务效率等方面的问题,通过定性和定量分析的结合,提出更具有针对性的对策建议。

(3)比较分析法。在撰写本书的过程中,笔者对我国各地方政府为应对老龄化问题而加快提出的方针政策进行回顾分析,并且通过对老龄化的趋势和特点、老龄化发展过程和典型老龄化实践问题等加以比较分析,总结河南省不同地区的经验教训,为解决河南省老龄化问题提供借鉴。同时,本书还将不同养老服务模式、服务内容、服务效果等进行比较分析,以期为河南省养老服务的发展提供有益的参考。

第二章 相关概念与理论基础

第一节 相关概念

一、人口的年龄结构

人口的年龄结构是指一个国家或地区在一定时期内，各年龄组人口在总人口中所占的比重或百分比。它反映了人口在年龄上的分布状况，是人口结构的重要组成部分。年龄结构不仅揭示了人口的自然变动规律，还深刻影响着社会、经济、文化等多个方面的发展。从人口学的角度来看，年龄结构是人口自然变动和社会经济因素共同作用的结果。生育率、死亡率以及迁移率等人口自然变动因素，直接影响着不同年龄组人口的数量和比例。同时，社会经济因素如经济发展水平、教育水平、医疗保障等也会对年龄结构产生间接影响。

为了系统地剖析和理解人口年龄结构的内在逻辑与外在表现，1956 年联合国根据人口年龄构成将人口划分为三种类型：①0～14 岁的少年儿童人口是社会的未来，他们的数量和质量关系到国家的长远发展。这一年龄段的人口比例高，通常意味着人口增长潜力大，但也意味着对教育和儿童福利的需求更高。②15～64 岁的劳动年龄人口是社会经济的核心力量，他们不仅是生产和消费的主体，还是社会创新和发展的主要驱动力。劳动年龄人口的比例高，通常意味着劳动力资源丰富，有利于经济发展。然而，随着人口老龄化趋势的加剧，劳动年龄人口比例下降，将给劳动力市场和经济发展带来挑战。③65 岁及以上的老年人口是社会的宝贵财富，他们拥有丰富的经验和智慧，是文化传承和社会稳定的重要力量。然而，随着老年人口比例的增加，特别是 80 岁及以上高龄老年人口的增多，社会对养老、医疗和照护等服务的需求将大幅增加，会给社会保障体系带来巨大压力。

精准掌握人口年龄结构的现实状态及其变化趋势，对于政策制定者而言，是在社会保障、经济发展规划以及资源优化配置等方面作出明智决策的基础。同时，面对人口老龄化所带来的诸多挑战，如何进一步完善养老服务网络、推动医疗健康系统的改革创新以及如何让老年人的晚年生活更为丰富多彩，都是政府、学者必须深入思考和积极应对的时代命题。

二、人口老龄化

人口老龄化作为一个日益凸显的全球性社会现象，是指年轻人口的相对减少与老年人口的持续增加所导致的老年人在总人口中占比不断攀升的趋势。它不仅是人口结构的转变，也对社会、经济和文化等各个领域产生了深刻影响。

在学术界，对于人口老龄化的理解存在不同的视角。一些学者将其视为一个多维、动态的演进过程，涉及人口结构、健康状况、经济发展水平和社会支持等多个层面的变化。他们认为，人口老龄化是一个复杂的社会转型，不能简单地通过单一指标来度量。而另一些学者则更侧重于量化分析，将人口老龄化定义为老年人口占总人口比重达到一定标准的社会状态。按照联合国的标准，当一个国家或地区 60 岁及以上的老年人口占比达到 10%，或 65 岁及以上的老年人口占比达到 7% 时，即标志着该国家或地区已经迈入了老龄化社会。

无论侧重于哪种理解，人口老龄化所带来的挑战都是不容忽视的。随着老年人口比例的不断上升，劳动力市场、社会保障系统、经济发展等方面都面临着重大调整的需求。在劳动力市场方面，人口老龄化可能导致劳动力供给不足和结构性短缺；在社会保障系统方面，则需要进一步完善养老保障制度，以满足老年人日益增长的生活需求；在经济发展方面，则需要适应人口老龄化带来的消费结构变化，推动产业结构的优化升级。

以中国为例，其庞大的老年人口群体已经成为全球关注的焦点。中国在 20

世纪末便已进入老龄化社会,并且老年人口数量居世界之首。这一巨大的人口结构变化给中国带来了多方面的挑战,包括社会保障系统的压力增大、劳动力市场的调整需求以及经济结构的优化升级等。为了应对这些挑战,中国政府一直致力于完善社会保障体系、推动经济高质量发展、加强城乡规划与基础设施建设等措施的实施。

在全球范围内,各国也需要共同努力应对人口老龄化的挑战,这包括:加强国际合作与交流,分享应对老龄化的经验与最佳实践;推动医疗技术的创新与发展,提高老年人的健康水平和生活质量;促进代际和谐与社会包容,为老年人创造一个友好、支持的社会环境。通过采取这些措施,有望更好地应对人口老龄化所带来的机遇与挑战,推动社会的可持续发展。

三、养老服务体系

养老服务体系是指老年人在生活中获得的全方位服务支持的系统。这个体系不仅涵盖家庭提供的基本生活设施和生活环境,也包括社区提供的各种服务和条件,以及政府、社会提供的有关服务的形式、制度、政策、机构等各种条件。它以满足老年人基本生活需求、提升老年人生活质量为目标,面向所有老年群体,提供基本生活照料、护理康复、精神关爱、紧急救援和社会参与的设施、组织、人才和技术要素形成的网络,以及配套的服务标准、运行机制和监督制度。养老服务体系的构建旨在有效地整合各类养老服务资源,确保社区内的老年人能够享受到高效、便捷的服务,从而满足他们多样化的需求。这一体系的构建不仅为城市养老服务工作奠定了坚实的基础,也为迎接老龄社会挑战做好了充分准备。该体系主要包含五个部分:

(1)明确养老服务的需求方——即社区内有服务需求的老年人。这些老年人通过专门的供需对接平台来表达自己的需求,与供给方形成互动,不断完善和修正服务信息。值得一提的是,部分老年人还可以以个人身份或加入社会组织的方式,为其他老年人提供服务,实现老年群体内部的互助互益。

(2)对养老服务需求进行细致的分类。从公共物品的角度来看,社区老年人的养老服务需求包括纯公共物品(如法律、政策、制度等)、准公共物品(如医疗卫生、生活服务、精神慰藉等）以及私人物品（如旅游观光、老年保健等）。这些信息在被纳入养老服务供需对接平台时，需要进行详细的划分，以确保需求与供给的精准匹配。

（3）供给系统的建设是满足养老服务需求的关键。由于养老服务的公共性特征，政府在其中应发挥主导作用，通过制定规范性制度来引导、激励、规范、监督和评估其他供给主体的服务行为，各供给主体在政府的主导下共同参与决策过程，形成多元合作互补的供给体系。

（4）供给模式的创新也是提升养老服务质量的重要途径。PPP 模式作为一种公私合作的方式，通过政府和私人组织的共同合作来建设城市基础设施项目。如图 2-1 所示，在养老服务领域引入 PPP 模式，可以有效地整合公共和私人资源，降低项目风险，提高服务效率和质量。

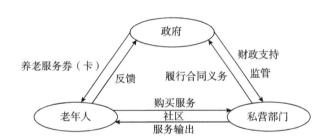

图 2-1　养老服务中 PPP 模式三大主体关系

（5）对于居住在社区的老人来说，供给方式的选择直接关系到他们接受服务的便利性和满意度。上门服务、社区服务以及其他方式（如社区外的公益服务或个性化服务）是老年人实际可选的三种主要方式。其中，社区服务以其便捷性和丰富性受到老年人的青睐，包括社区日间照料、社区老年餐桌、社区文化活动等多种形式；而其他方式则为老年人提供了更多样化的选择，满足他们个性化的需求。

四、PPP 模式

公私合作（Public-Private-Partnership，PPP）模式，这一创新性的合作策略

起源于 1982 年的英国政府。当时，面对经济停滞和福利国家政策失效的严峻挑战，西方国家急需寻找新的增长动力和发展路径。在这一背景下，PPP 模式应运而生，成为将私有部门的活力引入公共领域的一种有效尝试。PPP 模式的出现，旨在解决市场的逐利本性与社会服务的公益属性之间的固有冲突。通过建立公共部门与私营机构之间的长期合作关系，PPP 模式能够实现公共利益与商业利益的和谐共生。这种合作模式不仅有助于缓解政府的财政压力，提高公共服务的效率和质量，也为私营机构提供了新的投资机会和发展空间。

尽管 PPP 模式在国际上得到广泛的关注和实践，但其具体定义和实施方式却因地域和组织而异。联合国开发计划署将其视为政府与营利或非营利组织在特定项目上的合作；欧盟则更强调其在公共机构与商业社会之间，特别是在基础设施全周期管理上的协同作用；而加拿大 PPP 管理委员会则突出其作为公共和私人部门间的合作经营关系。这些不同的定义和实践方式，反映了 PPP 模式的多样性和灵活性，也为其在全球范围内的推广和应用提供了广阔的空间。

在我国，PPP 模式的构建逻辑清晰且高效。通过签署 PPP 合同，公共部门与私营机构建立起以 PPP 项目公司为核心的稳固合作关系。公共部门提供划拨土地、制定激励政策等支持措施，为项目的顺利实施创造有利条件；而私营机构则通过贡献资金、技术和管理专长，确保项目的顺利推进和高效运营。这种合作模式使 PPP 项目公司能够承担起主导投资建设的角色，打造出满足多层次需求的、符合共有产权的养老机构基础设施项目，并负责其后续的运营与管理工作。在投资回报机制上，我国 PPP 项目主要采取政府付费、使用者付费以及可行性缺口补助三种模式。这些模式既确保了项目的财务可持续性，又实现了各参与方的利益均衡。同时，政府部门在 PPP 项目中发挥着重要的监管作用，负责监管价格和质量等方面的问题，以保障公共利益的最大化。

我国财政部在 2014 年发布的《关于推广运用政府和社会资本合作模式有关问题的通知》中，对 PPP 模式给出了明确的定义和规范。该通知强调了在基础设施及公共服务领域建立长期合作关系的重要性，明确了社会资本在设计、建设、运营和维护基础设施中的主导作用。同时，通过"使用者付费"和必要的"政府付费"机制，社会资本能够获得合理的投资回报。这一政策的出台为 PPP

模式在我国的推广和应用提供了有力的政策支持和保障。

总的来说，PPP模式作为一种创新的合作模式，在推动基础设施及公共服务领域的持续发展中发挥着越来越重要的作用。它充分利用公共部门和私营机构的各自优势资源和技术专长实现了资源的优化配置和互补效应。通过建立长期合作关系和共享风险与收益的机制，PPP模式给各参与方都带来共赢的局面，也为社会的可持续发展注入了新的动力。随着全球经济的不断发展和合作模式的不断创新，PPP模式将在未来发挥更加重要的作用，为人类社会的进步和发展做出更大的贡献。

五、PPP类别

尽管我国尚未出台专门针对PPP项目的法律条例，但相关政府机关单位已通过部门规章制度和行政命令对其进行了规范。目前，PPP项目主要由财政部负责审理，并在其发布的《政府和社会资本合作模式操作指南》中明确了六种运作方式，包括建设—运营—移交、移交—运营—移交、改建—运营—移交、管理外包、运营和维护以及建设—拥有—运营。这些模式得到我国政府的认可，并在实践中得到了应用。然而，在养老服务项目实践中，由于需要考虑项目的适应性，实际上引入的PPP模式主要有五种。这些模式以特许权协议为基础，整合了政府和社会资本的优势，将政府目标、社会目标与社会资本的运营效率、技术进步和内在动力相结合，为农村老年人群体提供了全方位的服务，包括日常生活照料、医疗护理和精神慰藉等。

具体来说，这些PPP模式包括BOT（建设—运营—移交）模式、BOO（建设—拥有—运营）模式等。在BOT模式下，政府与社会组织达成协议，授予社会组织许可证，允许其在一定时间内筹集资金建设特定的基础设施，并负责管理和运营设施及其相关的产品和服务。而在BOO模式下，社会组织则按照政府授予的特许权建设并经营某项基础设施。此外，还有ROT（改建—运营—移交）模式、O&M（运营和委托）模式以及BOT+OM模式等也在养老产业实践中得到了应用。总的来说，PPP模式在我国养老服务行业的发展势头良好，通过整合政府和社会资本的资源，为老年人提供更加优质、高效的服务。具体分类有以下五个方面：

（一）BOT（建设—运营—移交）

在我国，新建养老项目普遍采用 BOT（建设—运营—移交）模式。这一模式允许政府部门在项目立项、招标、建设和运营等多个环节进行管理与监督，从而充分发挥其调控能力。通过公开招标，政府可以选择合适的私营机构进行合作，既确保了市场的公平性，又有效利用了市场机制的优势。

在 BOT 模式下，政府与私营机构共同组建项目公司，负责项目的融资、建设和运营。政府根据合同约定，授予私营机构一定期限的经营权，并在此期间收取一定的特许费用。同时，政府还会提供财政补贴，以支持私营机构的顺利运营。当特许期限结束后，私营机构需将项目移交给政府进行后续管理。由于 BOT 模式具有特许期限的特点，它通常适用于非营利性或准营利性的养老服务项目。这种模式能够有效地缓解政府财政在养老服务供给方面的压力，满足日益增长的养老服务需求。

BOT 模式还可以进一步细分为 BOOT（建设—拥有—运营—移交）和 BLOT（建设—租赁—运营—移交）两种形式。在 BOOT 形式下，社会资本方承担项目的融资和建设责任，还在合同期内拥有项目的经营权和所有权；而 BLOT 形式则要求社会资本方在合同期内与政府签订租赁合同，获得项目的经营权，并在合同期满后将其交还给政府。

总体来说，BOT 及其衍生模式为我国养老服务行业的发展提供了新的思路和方向，有助于提升服务质量和效率，实现政府与社会资本的共赢。

（二）BOO（建设—拥有—运营）

BOO，即"建设—拥有—运营"，是一种重要的项目合作方式，其中社会资本负责承担项目的全部融资和建设任务，并拥有项目的所有权和经营权。在这种模式下，政府的主要职责转变为对项目进行监管，确保项目按照合同约定的公益性条款实施。

在我国，BOO 模式特别适用于营利性养老服务项目，如 PPP 养老机构、PPP 养老公寓和 PPP 养老社区的建设，这是因为该模式赋予民营资本更大的自主权和灵活性，使其能够全面负责从立项设计到融资、建设，再到后期运营和管理的整个项目流程，民营资本的积极参与和自主运营有助于提升项目的效率和服务质量，同时减轻政府的财政和管理负担。在 BOO 模式下，虽然政府部门不直接参与项目的日常运营和管理，但其在项目监管方面发挥着重要作用。政府通过与社会资本签订具有明确公益性条款的合同，确保项目在建设和运营过程中符合法律法规要求，并保障服务对象的合法权益。这种合同约束和监管机制有助于维护项目的公益性质，防止民营资本在追求经济效益的同时忽视社会效益。

BOO 模式为我国营利性养老服务项目提供了一种有效的合作方式，既能够充分发挥民营资本的优势和活力，又能够确保项目的公益性质和服务质量。随着养老服务需求的不断增长和市场环境的不断变化，BOO 模式将在我国养老服务领域发挥越来越重要的作用。

（三）ROT（改建—运营—移交）

ROT，即"改建—运营—移交"，是一种创新的项目合作模式。在此模式下，社会资本获得特许经营权，负责对现有的资产或项目进行改造升级。在特许经营期内，社会资本将运营、维护这些改造后的资产，并从中获得收益。特许期满后，项目资产将顺利移交给政府。这一模式在 TOT（移交—运营—移交）的基础上进行了有益的创新，为养老服务建设注入了新的活力。与 BOT 模式相似，政府通过合同授权私营机构享有特许经营权。但不同的是，社会资本在 ROT 模式下无须承担新建任务，而是专注于对现有养老服务产品的改造、运营和维护工作。

ROT 模式的优势在于能够充分发挥私营机构的技术专长和市场敏锐度。通过私营机构的参与，社会闲置的养老服务资产得以有效盘活，实现资源的优化配置和高效利用。该模式特别适用于公立养老机构的整改和扩建项目，有助于提升养老服务的质量和效率。

在回报机制方面，ROT 模式通常采用"使用者付费"和可行性缺口补助相结合的方式。这种机制既保证私营机构的合理收益，又确保项目的可持续性和公益性。通过政府的适当补助，项目在经济效益和社会效益之间找到了平衡点。ROT 模式为我国养老服务领域提供了一种创新的合作方式。通过政府和社会资本的共同努力，有望看到更多优质、高效的养老服务项目落地生根，给广大老年人带来福祉。

（四）O&M（运营和维护）

O&M，即"委托经营"，是一种有效的公共服务合作模式。在此模式下，政府继续持有公共资产的所有权，但将资产的日常运营和维护工作委托给经验丰富的社会资本方来执行，社会资本方的主要收入来源为政府定期支付的委托运营费用。这种模式特别适用于公立养老机构等存量养老服务项目，民间机构专注于养老服务的提供、项目的运营和维护工作，而政府则作为资产的所有者和经营者，与社会资本方建立起一种紧密的雇佣合作关系，在这种合作中，政府实际上承担了项目的大部分风险，确保了服务的稳定性和持续性。

在实践项目中采用 O&M 模式的主要目的是充分利用民营机构在专业技术、运营管理方面的优势，以此来提升养老服务项目的整体水平和质量。通过引入市场化机制和专业团队，O&M 模式为养老服务注入了新的活力，有助于满足老年人多样化、高品质的养老服务需求。同时，通过引入市场竞争机制，O&M 模式有助于降低养老服务项目的建设和运营成本。社会资本方为了获得政府的委托运营费用，通常会提供更加高效、优质的服务，从而降低政府的支出。同时，政府还可以通过与社会资本方的合作，实现资源的优化配置和共享，提高项目的整体效益。O&M 模式为政府和社会资本方提供了一个合作共赢的平台，共同推动养老服务事业的持续发展。

（五）BOT+O&M 模式

BOT+O&M 模式是一种综合性养老服务项目的合作方式，它巧妙地将政府部门与私营机构的优势结合在一起，实现了两者的互补与协同。在此模式下，项目的存量部分采用 O&M（经营和维护）模式进行运营和维护，确保现有资源的有效利用和持续优化；而新建设部分则采用 BOT（建设—运营—移交）模式，引入社会资本进行投资建设，并负责一定期限内的运营和管理。

政府在这一合作中扮演着重要角色，不仅以股本投入、减税降费和土地优惠等政策作为出资人参与项目，还在合同中明确规划了基本养老服务需求部分。同时，政府还负责监督民营机构的具体实施情况，确保其按照合同规定提供服务并保障项目质量。在合同期满之后，政府将回收项目资产的所有权，确保公共资源的长期稳定和可持续发展。民间资本在获取项目的特许经营权后，为确保项目的顺利运行和高效管理，通常会选择将项目公开租赁给负责专业养老服务供给的资产组织。这些被委托的资产组织通过项目的运营收取回报，并受到政府公共部门和社会资本的共同监督。这种合作方式不仅有助于提升项目的专业化和市场化水平，也能够促进公私部门之间的深度合作和资源共享。

BOT+O&M 模式为综合性养老服务项目提供了一种创新且有效的合作方式。在此模式下，政府部门和私营机构共同承担项目的风险。私营机构负责项目的建设和运营，承担相应的市场风险和经营风险；而政府部门则提供政策支持和监管，承担一定的政策风险和监管风险。这种风险分担机制有助于降低单一方的风险压力。此外，私营机构的参与能够引入市场竞争机制，激发创新和活力，提高项目的建设和运营效率。同时，私营机构具有更灵活的管理机制和敏锐的市场洞察力，能够快速响应市场需求变化，提升项目的服务质量和用户满意度。

PPP 模式作为一种创新型的管理模式，已经在全球范围内得到了广泛的应用。其核心特征——伙伴关系、利益共享和风险分担，不仅为公私双方提供了合作的基础，也为实现高效、优质的公共服务提供了可能。主要体现在以下三个方面：

首先，伙伴关系是 PPP 模式的首要特征。这种伙伴关系的建立和维护基于共同的目标，即实现社会资源的优化配置，以最小的资源投入提供最多的公共产出。在这一目标下，公共部门、民营部门和社会组织形成了紧密的合作关系。民营部门追求在约束条件下的利益最大化，社会组织致力于在控制成本的前提下实现服务宗旨或扩大社会影响，而政府公共部门则追求公共福利和利益的最大化，以最小的成本向社会提供最多最有效的产品和服务。这种伙伴关系的形成，为 PPP 项目的成功实施提供了坚实的基础。

其次，利益共享是 PPP 模式的重要特征之一。与传统的利润最大化目标不同，PPP 项目通常具有公益性，因此利益共享更强调对项目产生的综合经济效益和社会效益的分享。政府公共部门通过 PPP 项目可以实现资金投入的节省、生产成本和管理成本的节约以及政府形象的改善和声誉的提高。同时，民营部门和社会组织也可以从项目中获得相对平和、稳定的投资回报，提高社会形象和企业知名度，拓展资源和人脉。这种利益共享机制有助于激发各方参与 PPP 项目的积极性，促进项目的顺利实施。

最后，风险分担是 PPP 模式的另一个重要特征。在经济学原理中，风险与收益是相互关联的，PPP 模式在强调利益共享的同时，也注重风险的合理分担，这意味着将不同的风险交由最有能力应对该风险的主体承担，以实现项目整体风险的最小化。通过风险最优应对的原则，PPP 模式能够确保每种风险都能得到最有效的处理，从而降低项目的整体风险水平，这种风险分担机制有助于增强 PPP 项目的抗风险能力，保障项目的长期稳定运行。

第二节　理论基础

一、福利经济学

"古典经济学之父"亚当·斯密在其经典著作《国富论》中表达了他对经济政策的看法，即他希望建立一个以自我组织和个人自由为基础的社会经济秩序，并呼吁建立一个"自由秩序"，他认为政府无须干预经济事务。根据亚当·斯密的"自由"观，西方资本主义取得了巨大经济成就，然而在 1929~1933 年，一场资本主义世界经济危机使"政府在经济生活中应扮演什么角色"引起经济学家的关注。以凯恩斯为代表的经济学派则提出与亚当·斯密不同的观点，即经济计划优于自由放任，自由主义将造成社会不公平现象。

凯恩斯的政策为福利经济学的产生提供了事实基础。庇古作为凯恩斯在剑桥的老师，是福利经济学的创始人之一，他在 1920 年出版的《福利经济学》是福利经济学产生的标志。根据边际效用理论，庇古得出两个结论：一是国民收入水平越高，社会福利保障水平越高；二是国民收入分配越平均，社会经济繁荣程度就越高。总之，一个国家的经济福利水平取决于该地区的国民收入高低和国民收入分配的均等程度。因此，为了改善经济福祉，不仅需要提高国民生产总值，也要消除收入分配的不均。收入分配的不公平与再分配的不合理将会诱发资本主义的经济危机，这正是资本主义的本质，国家应当调整国民收入分配和再分配，采取经济合理的措施使国民收入分配更加合理。只有这样才能缩小贫富差距，维护正常的社会秩序。

1929~1933 年出现世界经济危机，在新的历史条件下，英、美等国的一些经济学家对社会经济进行了补充。庇古的福利经济学被称为旧福利经济学，之后的则被称为新福利经济学。新福利经济学诞生的标志是 1939 年卡尔多发表的《经济学中的福利和个人之间的效用比较》一文，新福利经济学的主要内容包括帕累托最优原理、函数效用论、无差异曲线的分析方法，新福利经济学被分为两派：社会福利函数论和补偿原则论。经济学家庇古基于基数效用论，指出福利是可以计量的，并且社会福利是由国民收入的总量及其在社会成员之间的分配情况来决定的。在此基础上，庇古提出两个命题："社会经济福利分别与国民收入总量、国民收入分配均等化呈正向关系，总量越大，或越趋于均等化，则社会经济福利就越大。"补偿原则论派的代表人物是卡尔多。该福利经济理论对基数效用论进行批判，主要观点是社会福利达到最大化的状态就是帕累托最优的实现，如果改变某一项时，可以使一些人处境变好，同时至少不会使其他人处境变坏，则出现帕累托改善。伯格森在批判补偿原则论的基础上，构建了社会福利函数论，指出帕累托最优并不是唯一的，社会福利是一个多元的函数。

此外，英国经济学家贝弗里奇在《贝弗里奇报告——社会保险和有关服务》一文中提出"通过社会保险和国家补贴重新分配收入，以应对战争困境，减少社会不平等"，大部分资本主义国家依据此原则和凯恩斯的经济干预政策，从经济大萧条和战后困境中重新振作起来。福利国家理论的中心思想可归结为以下三点：①资本主义国家的最终目标都应当是成为福利国家。②要想成为福利国家需要足够的国家资金。③福利国家有利于世界各国的发展。但是，随着福利制度的不断完善，西欧高福利国家出现了"福利病"，国家财政赤字不断高涨，公民就业积极性下降，"懒汉"思想在全国弥漫，造成经济增长缓慢，2008 年的金融危机更是给这些国家带来了强烈打击。

当西方资本主义国家因"福利病"而影响经济发展时，我国经济仍以较高的速度增长。由于经济的增长和社会的进步及我国人民生活水平和医疗卫生保健事业的改善，我国社会正在快速步入"老龄化"。近年来，不少学者对"未富先老"的状况表示担忧，政府工作报告把完善养老保障体系作为政府工作的重要组成部分，如何建立具有中国特色的养老保障制度也成为学术界研究的重点。

二、人力资本理论

美国经济学家舒尔茨和贝克尔在20世纪60年代创立人力资本理论，提出了人力资本可以生产能力的新概念。他从以下四个方面定义了人力资本的根本重要性：①人力资本体现在人身上，即生产者在教育和培训上的支出以及获得教育时的机会成本，体现在人身上的各种劳动、技能以及生产知识等；②人通过人力投资而获得技能，人力投资必然会产生收益；③人力资源是所有资源中最重要的；④为了将劳动力转化为人力资本，必须满足某些条件。

随着河南省人口老龄化程度的加深和老年人数量的增加，一些老年人通过在职培训，他们具有更丰富的工作经验和高专业水平，这些老年人所具有的卓越的能力和素质是河南省人力资源管理的重要组成部分，也是河南省经济社会发展的重要资源。河南省作为人口大省，经济和社会的发展是一项艰巨的任务。近年来，随着人力资源数量不断增加、层次结构不断完善，河南省政府越来越重视人力资源开发，培养本省人力资源的同时引进外来人才，为河南省经济社会发展提供了优质的人力资源。然而，由于经济发展的局限性，河南省与东南沿海地区相比存在一定程度的人才流失。通过开发老年人人力资源，为经济社会发展提高低成本的人力资源，有利于解决河南省人力资源不足的问题，进一步促进河南省经济社会的发展，这是应对人口老龄化的重要措施。因此，河南省不仅要完善社会保障养老体系，也要搭建实现老年人自身价值的平台，制定好老年人力资源开发建设的规划，充分发挥老年人口在经济社会发展中的重要作用。

三、人口红利理论

人口红利意味着社会的劳动年龄人口占总人口很大比例且一般抚养比相对较低，这可能会导致相对较大的投资和储蓄，促进经济发展。随着医疗和生活水平的提高，出生率和死亡率都较低，如果婴儿的数量相对较低，那么越来越多的劳

动适龄妇女为了给社会创造价值而从儿童看护工作转向社会工作。美国经济学家
Bloom 和 Williamson（1998）最早提出"人口红利"的概念，他们指出，1965~
1990 年的人口红利对东亚的经济增长产生了影响。后来，Lee 和 Mason
（2006）将人口红利分为第一次人口红利和第二次人口红利，这两次的人口红利
分别对应经济快速发展和工业化时期的老龄化阶段。第一次人口红利时期，劳动
年龄人口快速增长，劳动力充裕且人口负担相对较轻，人口变化过程对经济发展
产生了积极影响；第二次人口红利是随着人口年龄结构的变化，在劳动力充足的
情况下，储蓄率更高，资本供应更高，这将对个人行为和公共政策的生产和消费
产生一些改变，以确保人口变化能够促进经济社会的发展。金华林和刘伟岩
（2017）等研究了第一次人口红利的标准组成部分：人口抚养比和劳动年龄人口
的百分比。其中，人口抚养比由人口总抚养比、儿童抚养比和老年人抚养比三部
分组成。范悍彪（2011）从消费、储蓄和劳动力供给等方面入手，对人口红利对
经济发展的影响进行分析，得出人口红利可以通过劳动力供给直接影响经济发
展，但也可以通过投资和储蓄等间接影响经济发展。

四、福利多元主义理论

福利多元主义理论起初是由西方发达国家福利危机催生而出现的，在 20 世
纪 30 年代全球经济危机背景下，凯恩斯理论提出政府应该全面干预经济，包括
公共福利政策，即历史上著名的罗斯福新政；60 年代到 70 年代中期，经济状况
开始复苏，国家财政资金相较 30 年代经济危机时明显富足，政府干预福利政策
有增无减，因而公共福利支出也随之扩大；70 年代末 80 年代初，全球经济开始
走下坡路，财政资金已无力应对巨大的福利支出，因而出现了经济收缩与福利需
求扩张的矛盾，国家财政面临赤字危机，由此产生了多元福利主义理论。

1978 年，福利多元主义首次在英国沃尔芬德报告《志愿组织的未来》中被
提到，其观点是，志愿性组织也应该成为社会福利的供给方之一，即福利供给应
当多元化，而不是单一化。虽然福利多元主义的概念首次被提出，但是并没有明
确定义。1986 年罗斯第一次准确定义什么是福利多元主义，他主张国家、市场
和家庭三方共同参与社会福利供给。Evers（1988）在此基础上提出社会福利

"四分法"，即社会福利应该至少来源于四个方面，分别是市场、国家、社区、民间社会。概括来说，福利多元主义理论提倡社会福利供给主体应该多元化，该理论主张的思想为目前我国养老服务该由谁提供指明了方向。

基于福利多元主义理论，能更好地理解养老服务的良性发展并不是只靠政府单方面就可以完成，放弃市场和社会任何一个责任主体都是不正确的做法。养老服务需要国家、企业与社会一起努力，相互配合，各自做好相应的工作职责，既注重战略统筹，又把握好具体分工，只有这样才能使养老服务实现可持续发展。

五、利益相关者理论

利益相关者一词最早被提出可以追溯到弗里曼出版的《战略管理：利益相关者管理的分析方法》一书中，明确提出了利益相关者管理理论。利益相关者管理理论是指企业的经营管理者为综合平衡各个利益相关者的利益要求而进行的管理活动。与传统的股东至上主义相比，该理论认为任何一个公司的发展都离不开各利益相关者的投入或参与，企业追求的是利益相关者的整体利益，而不仅仅是某些主体的利益。Penrose 在 1959 年出版的《企业成长理论》一书中提出"企业是人力资产和人际关系的集合"的观念，从而为利益相关者理论构建奠定了基石。直到 1963 年，斯坦福大学研究所才明确提出利益相关者的定义："利益相关者是这样一些团体，没有其支持，组织就不可能生存。"这个定义指明除了股东以外，企业周围还存在其他的一些影响其生存的群体。随后，Rhenman（1968）提出了比较全面的定义："利益相关者依靠企业来实现其个人目标，而企业也依靠他们来维持生存。"这一定义使利益相关者理论成为一个独立的理论分支。

在此基础上，利益相关者理论于 20 世纪 60 年代在西方国家逐步发展起来，进入 80 年代后其影响迅速扩大，开始影响美、英等国公司治理模式的选择，并促进了企业管理方式的转变。与传统的股东至上的企业理论主要区别在于，该理论认为任何一个公司的发展都离不开各种利益相关者的投入或参与，例如，股东、政府、债权人、雇员、消费者、供应商，甚至是社区居民，企业不仅要为股东利益服务，同时也要保护其他利益相关者的利益。利益相关者理论强调在任何商业或政策活动中，应追求所有受影响的利益相关者的整体利益最大化。在养老产业的公私合作（PPP）模式中，这一理论尤为重要，因为该模式涉及多个主体，每个主体都有其特定的角色和利益。

在养老产业 PPP 模式中，核心利益主体主要是政府公共部门和社会资本方。政府公共部门通常负责政策制定、监管和提供部分资金支持，而社会资本方则负责项目的投资、建设和运营。这两个主体通过合作，共同推动养老产业的发展。除了核心利益主体外，还有次要利益主体，包括融资机构、承建商、运营商、供应商和老年人。融资机构为项目提供资金支持，承建商负责项目的建设，运营商负责项目的日常运营，供应商提供必要的设备和服务，而老年人则是养老服务的最终受益者。

在养老产业 PPP 模式下，影响利益相关者利益分配的因素主要有四类：

（1）资源投入。这包括资金、人力资源和无形资产。不同的利益相关者根据其投入的资源类型和数量，在项目中的地位和收益也会有所不同。

（2）风险因素。在 PPP 项目中，风险分配是一个关键问题。政府方和社会资本方通常承担不同类型的风险，如政策风险、市场风险、运营风险等。风险承担与利益分配密切相关。

（3）各主体的贡献程度。各利益相关者在项目中的贡献程度不同，其应得的利益也会有所不同。贡献程度可以通过投入的资源、承担的风险、提供的服务等多种方式来衡量。

（4）各主体的满意程度。这是一个主观因素，但同样重要。PPP 模式的成功在很大程度上取决于各利益相关者的满意程度，包括政府方、社会资本方、融资机构、承建商、运营商、供应商和老年人等。特别是对于老年人来说，他们对养老服务的满意程度是评价 PPP 项目成功与否的重要标准之一。

综上所述，养老产业 PPP 模式中利益相关者的利益分配是一个复杂而重要的问题，需要综合考虑多种因素，以实现各利益相关者的整体利益最大化。

第三章　河南省人口老龄化与养老服务的现状及特点

第一节　河南省人口老龄化的现状

一、河南省人口年龄结构现状

人口年龄结构金字塔是指类似于古埃及金字塔形状的按人口年龄和性别对人口进行分类，以及用可视化的方式表示出来的图形。金字塔从上到下代表了老、中、低三个年龄段的人口。根据不同国家和地区人口年龄结构的不同分布，人口年龄结构金字塔分为三种类型：第一种是正金字塔型即扩张型，年轻人口数量最多，从最高年龄组到最低年龄组依次增多，因此这种塔形自下而上逐渐收缩，呈现出的"塔形"上尖下宽；第二种是双塔型即稳定型，除最老年龄组外，其余年龄组大致相同，塔顶和塔底的宽度基本相同，塔形较直；第三种是倒金字塔型即收缩型，它与正金字塔型相反，年轻组的数量逐渐减少，中老年人口比重较多，呈现出塔顶宽、塔底窄的形态。

本书根据河南统计年鉴数据绘制出 2010 年和 2020 年河南省人口金字塔图，经过十年发展，河南省人口老龄化趋势加剧（见图 3-1、图 3-2）。

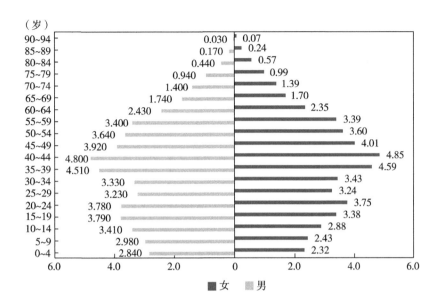

图 3-1 2010 年河南省人口年龄结构金字塔

资料来源:《河南统计年鉴》(2011 年)。

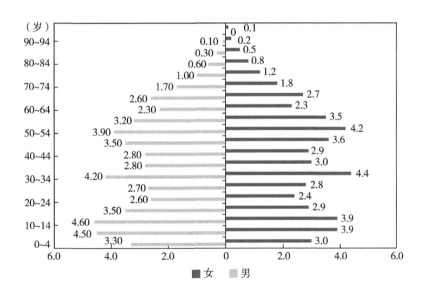

图 3-2 2020 年河南省人口年龄结构金字塔

资料来源:《河南统计年鉴》(2021 年)。

二、河南省人口老龄化程度

老年人口比重是指一个地区老年人口数量占总人口的比重，能够直接反映该地区人口老龄化的程度。老少比则指既定老年人口（通常指 60 岁或 65 岁及以上人口）与既定少儿人口（一般规定为 0~14 岁）之比。老少比指标反映了人口年龄结构上下两端的相对变化趋势，通过该项统计指标可以了解老龄化发展过程是来自老年人口还是少儿人口的增减。

图 3-3 与图 3-4 展示了 2010~2020 年河南省老年人口比重以及老少比变化趋势。2010 年，河南省老年人口比重为 8.36%，到 2020 年变化为 13.50%。2010 年河南省老少比为 40.2%，到 2020 年增加至 58.3%，在十年中，河南省老年人口比重提高了 5.14 个百分点，老少比增加了 18.1 个百分点，这表明河南省老年人口比重以及老少比在总体上呈现出上升趋势。

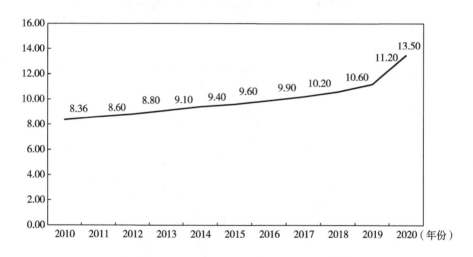

图 3-3　2010~2020 年河南省老年人口比重

资料来源：《河南统计年鉴》（2011~2021 年），下同。

三、河南省人口老龄化速度

自 2012 年开始，河南省老年人口比重增长率逐年递增，且增长幅度越来越大，相较于 2019 年，2020 年老年人口比重增长率达到 20.54%（见图 3-5）。由此可以看出，河南省人口老龄化发展速度在加快，加之河南省人口总量本来就大，因此河南省老年人口的数量急剧增多。

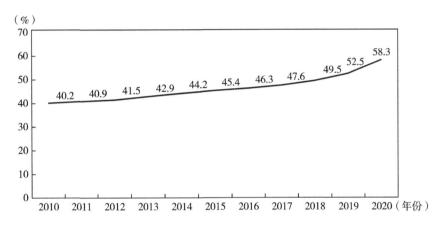

图 3-4　2010~2020 年河南省老少比

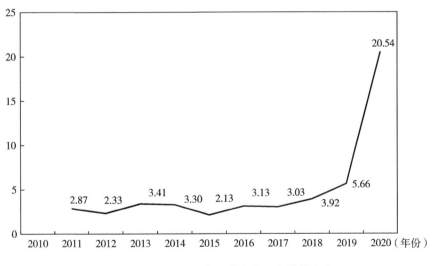

图 3-5　2010~2020 年河南省人口老龄化速度

四、河南省抚养比情况

人口抚养比是一个非常重要的指标，经常用于人口老龄化研究。它是总人口中抚养人口数中被抚养人口的比例，用以表明每一百名抚养人口要负担抚养被抚养人口的数量。抚养人口是指劳动年龄人口，被抚养人口指老年人口和儿童人口。人口抚养比可以分为三种：总人口抚养比、老年人口抚养比和少儿人口抚养比。

如图 3-6 所示，河南省的老年人口抚养比呈上升趋势，2010 年，河南省老年人口抚养比为 12%，到 2020 年增加至 21.3%，十年间增长了 9.3 个百分点；同时，少儿人口抚养比也呈现出上升趋势。在老年人口抚养比和少儿人口抚养比的共同作用下，总人口抚养比不断增加，可以看出河南省人口老龄化使养老负担不断加重。

图 3-6　2010~2020 年河南省抚养比

第二节　河南省养老服务的现状

一、河南省养老服务业发展现状

随着全球范围内的人口结构变化，老年型人口社会已成为多地面临的现实。当一个地区的 60 岁以上人口占总人口的 10%，或 65 岁及以上人口占比超过 7%，就标志着该地区已踏入老龄化社会。自 2000 年起，河南省便已跻身此行列，且老龄化趋势日益显著。据统计局最新数据，截至 2022 年底，河南省 60 岁以上的老年人口已达 1862 万，占总人口的 18.9%，而 65 岁及以上的老年人口也有 1436 万，占常住人口的 14.5%。尤为值得关注的是，80 岁以上的高龄老人数量已超过 277 万，占常住人口的 2.8%。这一庞大的老年人口基数，加之其快速增长的态势以及日益凸显的高龄化、空巢化特点，使河南省的养老服务需求越发迫切。

这种需求动力主要源自两大因素：

第一，河南省人口老龄化特点显著，规模大、增速快，高龄老人和空巢老人数量众多，失能老年人也不在少数。这导致社会对养老服务的需求量急剧上升。

第二，作为传统的劳动力输出大省，河南省的年轻劳动力大量外流，进一步加剧了老年人口在总人口中的比重，使政府的养老压力日益加大。同时，随着核心家庭数量的增多，"421" 家庭模式（四位老人、一对父母和一个孩子）逐渐成为主流，尽管 "二孩""三孩" 政策已经出台，但在短时间内难以改变这种家庭模式和人口结构。按照国际惯例，以最弱势的 5% 老年人口需入住养老机构为标准，河南省的养老床位需求高达 71.8 万张。然而，河南省民政厅数据显示，截至 2022 年，河南省各类养老床位数仅为 41.8 万张，缺口高达 30 万张，每千名老人拥有的养老床位数为 29.1 张，[①] 与发达国家的 50~70 张水平相比仍有很大的差距。

面对这一严峻的形势，河南省的养老服务供给总量不足和结构失衡问题逐渐暴露出来。养老服务供给与需求之间的结构性矛盾亟待解决。为了应对这一挑战，河南省需要加大养老投入，创新养老服务模式，提高养老服务质量和效率，以满足日益增长的养老服务需求。

二、河南省养老服务基本情况

（一）养老机构基本现状

如表 3-1 所示，通过 2022 年河南省提供住宿和不提供住宿的各类养老服务

---

① 数据由 2023 年《河南统计年鉴》、2023 年《中国民政统计年鉴》整理获得。

机构的数量和职工数展示了养老服务机构基本情况。其中,提供住宿的养老机构包括养老机构、社会福利院、特困人员供养机构和其他各类养老机构;不提供住宿的社区服务机构则涵盖了社区综合服务机构和设施、社区服务指导中心、社区服务站、社区专项服务机构和设施、全托服务社区养老服务机构、日间照料社区养老服务机构、互助型社区养老服务设施以及其他社区养老服务设施。

表 3-1　2022 年河南省养老服务机构基本情况

	指标	单位数（个）	职工数（人）
提供住宿	养老机构	3559	39537
	社会福利院	83	1660
	特困人员供养机构	1743	13891
	其他各类养老机构	1733	23986
不提供住宿	社区综合服务机构和设施	49864	254377
	社区服务指导中心	7	67
	社区服务站	46913	232316
	社区专项服务机构和设施	856	5251
	全托服务社区养老服务机构	781	3959
	日间照料社区养老服务机构	8038	21909
	互助型社区养老服务设施	5252	9207
	其他社区养老服务设施	401	1385

资料来源:《中国民政统计年鉴》(2023 年)。

河南省在养老服务机构建设方面取得了显著进展,各类养老服务机构数量众多,职工数也相对充足。不提供住宿的社区服务机构数量尤为突出,这反映了河南省在社区养老服务方面的重视和投入。然而,截至 2022 年底,河南省养老服务机构有 3559 家,职工人数有 39537 人,如果仅仅由政府公办养老服务机构提供养老服务,显然只能满足不到 1/3 的老年人需求,远远供不应求(见表 3-1)。

(二)养老服务供给现状分析

如表 3-2 所示,2022 年我国的社会工作师总数达到了 7236 人,其中河南省的社会工作师数量为 561 人。尽管这个数字在各省份中相对较高,但与河南省庞大的老年人口基数相比，养老护理人员数量仍显得捉襟见肘，远远不能满足老年人的养老需求。与此同时，目前河南省仅有 3 万余名护理人员，而从事社区养老的这些护理人员普遍面临着学历偏低、年龄偏大、工资待遇不佳、工作负担重以及个人权益保障不足等问题。这种情况导致护理人员队伍的流动性较大，稳定性较差，难以适应不断增长的老年人口对养老服务的需求。

表 3-2　2022 年河南省养老服务设施基本情况

地区	养老机构		养老床位（张/千人）
	助理社会工作师（人）	社会工作师（人）	
全国	7817	7236	
河南	659	561	19.1
北京	149	167	26.3
天津	90	89	19.6
河北	368	389	16.1
山西	65	125	23.3
上海	236	198	25.1
江苏	981	862	23.7
浙江	212	200	22.2
安徽	415	324	31.7
福建	257	177	16.1
江西	772	263	12.7
山东	52	76	18.0
湖北	329	160	24.2
湖南	493	453	20.3
广东	764	537	15.8
广西	256	270	10.4

资料来源：《中国民政统计年鉴》（2023 年）。

此外，2022 年河南省每千人老人拥有的养老床位数仅为 19.1 张，不仅低于全国的平均水平，而且在与其他省份的比较中也处于较低位置。在养老服务补贴方面，2022 年河南省的投入为 1010.2 万元，这一数字与上海（30935 万元）、江苏（74156 万元）和湖北（12044.4 万元）① 等省份相比，显得相形见绌。

为了改善这一状况，河南省需要加大对养老服务的投入，提高护理人员的待遇和权益保障，加强养老床位的建设和补贴力度，以便更好地满足老年人的养老需求，促进养老服务行业的健康发展。同时，也需要通过政策引导和社会力量的参与，共同推动河南省养老服务水平的提升。

第三节 河南省人口老龄化与养老服务的特点

一、老年人口发展速度快，养老服务压力大

如表 3-3 所示，2020 年河南省老年人口数量为 1341 万人，占全省总人数的 13.5%，相较于 2010 年，老年人口数量净增长 555 万人，老年人口比重从 8.36% 上升为 13.5%，增长了 5.14%，同期老年人口比重世界水平仅上升了 1.75%，且每年河南省老年人口比重均高于世界水平，说明当前河南省老年人口发展速度较快，老龄化程度较严峻。

表 3-3 2010~2020 年河南省老年人口数量及比重

年份	河南省		世界	
	65 岁及以上老年人口数量（万人）	比重（%）	65 岁及以上老年人口数量（万人）	比重（%）
2010	786	8.36	53331	7.65
2011	808	8.61	54559	7.73
2012	830	8.80	56097	7.86
2013	853	9.10	57813	8.00
2014	884	9.40	59698	8.16
2015	913	9.63	61750	8.34

① 每千名老人拥有的养老床位数和养老服务补贴数据来源于《中国民政统计年鉴》（2023 年）。

续表

年份	河南省		世界	
	65 岁及以上老年人口数量（万人）	比重（%）	65 岁及以上老年人口数量（万人）	比重（%）
2016	942	9.88	63940	8.54
2017	974	10.19	66272	8.75
2018	1019	10.61	68702	8.97
2019	1076	11.16	71213	9.20
2020	1341	13.5	73724	9.43

资料来源：历年《河南省国民经济和社会发展统计公报》、《中国统计年鉴》、世界银行数据库的数据整理而得。

　　面对庞大的老年人口，为了提升养老服务机构的服务质量，中华人民共和国卫生和计划生育委员会对养老机构的标准进行了全面调整，并从人员配备、房屋条件、设备配置以及制度建设四个方面制定了更为详尽的规定，确保养老服务标准的要求更加具体和明确。然而，尽管有了这些改进，河南省养老机构在设施配备方面仍然存在不足之处。《郑州市长期护理服务体系建设研究》数据显示，2020 年郑州市 60 岁及以上的老年人占全市人口的 15.6%，其中城镇与农村的老年人口比例分别为 55% 和 45%。尽管郑州的老年人在卫生资源方面拥有显著优势，每千名老年人所拥有的卫生机构床位数和技术人员数分别为 75.2 张和 91人，均远超全国平均水平的 2.1 倍和 2.3 倍，但在养老服务机构的床位配备上却存在明显不足，每千名老年人仅拥有 17 张养老服务机构床位，这不仅远低于全国平均水平的 30 张，更与郑州市人民政府关于印发《加快建设郑州健康养老产业实施方案（2018—2020 年）》中提出的 2020 年目标——每千名老年人拥有养老床位 40 张以上相去甚远。

　　由此可见，为了满足不断增长的养老服务需求，特别是随着老年人身体机能的自然衰退，他们对专业护理服务的依赖程度逐渐加深，医疗保健服务的需求日益突出，对于失能或半失能的老年人来说，他们的长期护理需求往往难以得到充分满足，河南省政府必须进一步加大在养老机构设施建设和人员配备方面的投入力度。

二、人口老龄化进程超前于经济发展水平，养老服务机构资金投入紧张

一方面，当发达国家的老年人口比重达到 5.5% 时，其人均 GDP 为 1000 美元；当其老年人口比重达到 9% 时，其人均 GDP 已经超过 10000 美元。由此可以看出，发达国家在进入人口老龄化社会时，其经济社会发展水平都较高，同时拥有较为健全的社会保障体系。河南省于 2002 年进入人口老龄化，老年人口比重为 7.38%，人均 GDP 仅为 7376 元人民币，约合 870 美元。2020 年河南省老年人口比重达 11.16%，比世界平均老年人口比例高 1.84 个百分点；2020 年河南省人均 GDP 为 8409.32 美元，世界人均 GDP 为 10909.29 美元，比河南省高 2499.97 美元。与世界平均水平相比可以看出，河南省人口老龄化程度深、人均 GDP 却较低，即河南省人口老龄化超前于经济社会发展水平，呈现出"未富先老"的特点。

另一方面，从财政部 PPP 数据中心的统计来看，养老 PPP 项目在总投资中的占比仅为 1%，这主要集中在养老机构的建设上，如养老院和床位设施等，这类项目在初期就需要大量资金投入，合作期限通常超过 20 年，导致资金回收周期长、总体收益水平低，加之养老投资的回报率本身就不高，因此社会资本对养老 PPP 项目的兴趣有限。此外，超过 90% 的养老 PPP 项目采用 BOT 或 BOO 模式，而实际投资方向更偏向于地产化养老项目，如医养结合、老年养老机构和生态养老院等，而非纯粹的养老服务项目，这种情况进一步加剧了养老服务领域的资金困境和结构性问题。

三、人口老龄化空间发展不平衡，专业人员服务水平参差不齐

如表 3-4 所示，郑州作为省会城市，总人数占全省人数位居第一，但是郑州市老龄化程度排序仅为第 18；济源在这 18 个城市中总人数最少，但其老龄化程度较靠前；信阳市作为河南省老龄化程度最深的地区，其总人数位居第 7，占全省人口比重的 6.7%。可见河南省各市老年人口数量存在显著差异，即该地区老年人口比重不一定与该地区总人口占全省人口的比重相一致。

表 3-4　2020 年河南省各市 65 岁及以上人口比重

城市	总人口（万人）	总人口占全省人口比重（%）	总人口排序	老年人数量（万人）	地区老年人口比重（%）	老龄化排序
郑州市	1262	12.69	1	113	9.0	18
南阳市	972	9.78	2	138	14.2	7
周口市	902	9.07	3	137	15.2	4
商丘市	782	7.87	4	110	14.1	8
洛阳市	706	7.10	5	92	13.0	2
驻马店市	701	7.05	6	110	15.7	15
新乡市	626	6.30	7	82	13.1	3
信阳市	624	6.28	8	95	15.2	14
安阳市	548	5.51	9	73	13.3	12
平顶山市	499	5.02	10	67	13.4	10
开封市	483	4.86	11	69	14.3	6
许昌市	438	4.41	12	66	15.1	5
濮阳市	377	3.79	13	50	13.3	13
焦作市	352	3.54	14	47	13.4	11
漯河市	237	2.38	15	38	16.0	1
三门峡市	204	2.05	16	28	13.7	9
鹤壁市	157	1.58	17	19	12.1	17
济源市	73	0.73	18	9	12.3	16

资料来源：《河南省国民经济和社会发展统计公报》（2020 年）、《河南省统计年鉴》（2021 年）。

　　此外，养老产业中护理人员的巨大缺口已经成为一个亟待解决的问题。由于保守的社会观念和较低的工资待遇，愿意从事养老产业的人才数量有限。当前，养老服务行业的从业人员大多学历不高，很多人并非科班出身，而是由农村务工人员、下岗职工和志愿者等构成，前者很少接受过相关的专业培训，市场在专业人才的供给方面也显得捉襟见肘，专业人才的输送渠道有限，缺乏专门针对老年服务的专业培训机构。这种人员构成与养老产业对高素质人才的需求严重不匹配，一些高度专业化的职位，如心理咨询师、康复员和高级护理职位出现人才空缺。同时，由于工作负担重、社会地位不高等多重因素，养老服务人员流动性极大，养老服务人员队伍的稳定性较弱。

　　尽管当前许多职业院校已经设立与老年服务相关的专业，为学生提供了系统学习和培训的机会，然而，这些专业却并未像预期那样吸引大量学生报考。这背后的原因复杂且多样，但社会观念和薪酬待遇无疑是其中最为关键的两个因素。在社会观念方面，很多人仍然对老年服务行业持有偏见，认为这是一个低人一等的工作，不适合年轻人从事，这种观念在很大程度上影响了学生和家长对专业的选择，使许多有潜力、有热情的人才流失。在薪酬待遇方面，老年服务行业的薪资水平普遍偏低，晋升空间有限，社会对老年服务行业的整体认可度不高。这使许多学生在考虑未来职业发展时，对该行业持谨慎态度。毕竟，对于大多数人来说，选择一份职业不仅是出于兴趣和热情，还需要考虑生计和未来发展。

第四节　河南省人口老龄化的原因分析

　　人口老龄化问题是多种因素相互作用的结果，给河南省社会经济和人民生活带来了深刻的影响，老龄化问题已经成为亟待解决的社会问题。结合实际情况，河南省出现人口老龄化现象的主要原因有以下三点：

一、青壮年人口外流

　　第七次全国人口普查结果显示，河南省作为户籍人口第一大省，2020 年有1610 万的人口流出省外，是全国流出人口最多的省份。从河南省统计局的数据可以看出，河南省外出人口多流向于东南沿海一带，其中流向最集中的地区依次为广东省、浙江省、江苏省和上海市，流出人口数量分别为 277.36 万人、246.59 万人、219.72 万人和 134.33 万人。青壮年劳动力不断往省外流出是造成河南省老年人口比例增加的重要原因之一。

　　从发展趋势来看，河南省人口跨省流出速度不断趋于稳定，但省内流动人口增长迅速，农村劳动力逐渐选择本地化就业。随着中原经济区、郑州国家中心城市、郑汴以及郑洛经济区的建设，河南省内就业支撑能力不断增强，许多农村劳动力加速向省会等经济发展速度快的地区流动，人才的不断流失使农村呈现出

"空心化"状态，人口老龄化现象也越来越严重。

二、生育观念的改变

20世纪80年代实施的计划生育政策对河南省生育率的下降起到了重要的作用，计划生育政策实施后出生的独生子女如今已经开始步入生育期，尽管国家不断颁布"单独二孩""全面二孩""全面三孩"政策，但是随着社会的发展，人们主观上生育"二孩"或者"三孩"的意愿并不强烈。究其本质，导致人们生育意愿降低的原因主要是逐渐提高的生育成本，比如教育投入的增加、住房贷款的支出、医疗保健的支出等问题抑制了人们的生育行为。此外，随着经济社会的发展，人们思想不断进步，不再有"养儿防老"等观念，这也致使人们不再有强烈的生育欲望。近年来人们生育观念的转变致使河南省生育率有下滑的趋势（见图3-7），这就导致河南省人口老龄化程度不断加深。

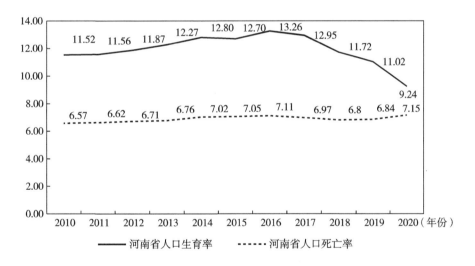

图3-7　河南省2010~2020年人口生育率与死亡率

资料来源：《河南统计年鉴》（2011~2021年）。

三、人口预期寿命延长

人口转变理论认为，随着社会的进步和医疗水平的发展，人类寿命必然会延长。2021 年 6 月，河南省人民政府举行"开局十四五奋进新征程"系列新闻发布会表示，河南省人均预期寿命提高到 77.7 岁，居民健康素养水平也提高到了 26.76%，河南省的主要健康指标均高于全国平均水平。河南省人口平均寿命的延长会导致人口死亡率的下降，河南省人口死亡率在近几年维持较低的水平，从而人口年龄结构向着老龄化方向发展。

人们的物质文化生活水平随着经济社会的发展获得了显著提高，当人们的生活质量得到很大改善之后，人们对健康水平的重视程度也逐渐加强。同时，河南省医疗卫生事业也得到不断的发展和完善，过去很多属于不治之症现在都有了新的治疗方法。在有了更好的医疗条件和更健全的健康意识条件下，老年人的预期寿命也得以延长。

第四章　河南省人口老龄化
时空演变趋势及预测

第一节　人口老龄化时间演变趋势

一、人口老龄化总体演变趋势

从河南统计年鉴可知，2001 年河南省 65 岁及以上人口为 644 万，占全省总人口比重为 6.96%；2020 年 65 岁及以上人口达到 1340 万，占比为 13.49%。① 自 2001 年以来，河南省老年人口数量逐年攀升，人口老龄化趋势明显，应对人口老龄化危机迫在眉睫。为研究河南省人口老龄化总体演变趋势，下面进一步以 65 岁及以上人口占全省总人口的比重和相应年增长率为主要参考指标，将 2001~2020 年划分为三个阶段。

（1）第一阶段（2001~2004 年）。阶梯式增长阶段。在这一时间段内，河南省积极响应计划生育政策，全省范围内人口出生率显著下降，而 65 岁以上的老年人口则呈现相反特征。如图 4-1 所示，河南省老年人口从 2001 年的 644 万增长为 2002 年的 709 万，2002~2004 年老年人口增长幅度较小，但是仍然呈现逐年增长态势，2004 年河南省老年人口为 719 万。由图 4-2 可知，一方面，河南省老年人口比重从 2001 年的 6.96% 逐年上升为 2004 年的 7.40%；另一方面，河

---

① 数据来源于 2002 年《河南统计年鉴》、2021 年《河南统计年鉴》（https：//tjj. henan. gov. cn/tjfw/tjcbw/tjnj/）。

南省逐步整合医疗资源，提高医疗技术，使老年人的病症可以得到有效医治，延长了人们的预期寿命，进一步加速人口老龄化进程。

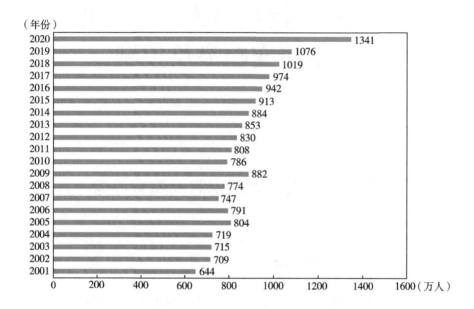

图 4-1　2001~2020 年河南省 65 岁及以上人口数量

资料来源：《河南统计年鉴》（2002~2021 年），下同。

（2）第二阶段（2005~2009 年）。"U"型调整阶段。如图 4-2 所示，2005~2009 年老年人口比重变化整体呈增长态势，但是人口数量变动明显，波动幅度较大。2005~2009 年，65 岁以上人口数量接连出现负增长，从 2005 年的 804 万一直下降为 2007 年的 747 万。进而老年人口比重也呈现"U"型变化特征，但是比重变化程度较小。2007 年成为本阶段老年人口比重最小的一年，为 7.57%。

（3）第三阶段（2010~2020 年）：直线式增长阶段。2009~2010 年老年人口大幅减少，主要是因为 2009 年和 2010 年河南省统计局采取的统计口径不一致。2001~2009 年统计的是总人口数量，而从 2010 年至今统计的是常住人口数量。如图 4-2 所示，2010~2020 年老年人口数量和比重呈现直线上升态势。2010 年河南省老年人口数量为 786 万，比重为 8.36%；2020 年这一数值已经增长为 1341 万，占比为 13.49%，这意味着河南省人口老龄化程度进一步加深，缓解老

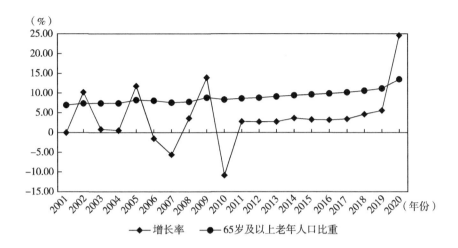

图4-2 2001~2020年河南省65岁及以上人口比重和增长率

龄化问题迫在眉睫。为了控制人口老龄化，保证人口结构合理性，河南省紧跟党的步伐，逐步放开二孩政策，允许有条件的广大民众生育二孩。另外，政府部门也建立并完善养老保险体系，切实为缓解人口老龄化压力贡献力量。

二、各城市人口老龄化时间演变趋势

在河南省18个城市中，周口市老年人比重在2001~2020年内波动幅度最大；而河南省会城市郑州市的老年人口比重波动幅度相对较小，其余16个城市老年人口波动幅度都介于这两个城市之间。为了更加清楚地了解各城市人口老龄化的时间演变历程，表4-1列示了2001~2020年河南省18个城市65岁及以上人口占全省总人口比重的平均值及相应方差，并按照各城市老年人口比重波动幅度的大小进行排列。

表4-1 2001~2020年河南省18个城市的老年人口比重均值和方差 单位:%

城市	均值	方差	排名
周口市	9.70	6.41	1
信阳市	10.38	6.04	2
济源市	8.45	5.61	3

城市	均值	方差	排名
驻马店市	10.78	5.42	4
三门峡市	9.03	4.98	5
商丘市	9.69	4.48	6
开封市	9.49	4.42	7
南阳市	9.64	4.30	8
漯河市	10.66	4.29	9
安阳市	8.76	4.11	10
濮阳市	8.67	4.09	11
焦作市	8.82	3.93	12
许昌市	10.22	3.68	13
洛阳市	9.29	3.59	14
新乡市	8.80	3.36	15
鹤壁市	7.60	3.12	16
平顶山市	9.72	2.90	17
郑州市	8.78	1.35	18

从表 4-1 中可以看出，河南省各城市老年人口比重存在不同程度的差异，按照老年人口比重的方差可将 18 个城市划分为四个等级。

（1）第一等级：方差>5。位于这一等级的城市主要有周口市、信阳市、济源市和驻马店市。这 4 个城市相对于其他 14 个城市而言老年人口比重波动幅度较大（见图 4-3）。周口市是老年人口比重波动幅度最大的城市，从 2001 年的 6.43% 增加为 2020 年的 15.20%。20 年中，周口市老年人口比重仅在 2004 年出现一次负增长，其余年份都是逐年增长态势。信阳市和驻马店市 65 岁及以上人口比重的增长趋势相似，相较于周口市老年人口比重波动较为明显，在增长过程中都出现了两次负增长。2001～2007 年，这两个城市均呈现逐年稳步增长态势，之后驻马店市在 2008 年和 2010 年出现了负增长，而信阳市则在 2009～2011 年和 2020 年出现负增长，2012～2019 年，这两个城市呈现出快速增长的趋势。济源市老年人口比重在 2010 年前主要表现为波浪式走势，具有"三升三降"的特征，后期增长幅度明显上升，2020 年这一数值增长为 13.00%。

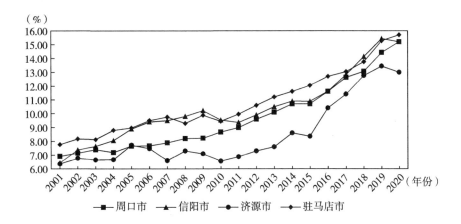

图 4-3　2001~2020 年第一等级 4 个城市的 65 岁及以上人口比重

（2）第二等级：4<方差<5。在这一等级的城市主要有三门峡市、商丘市、开封市、南阳市、漯河市、安阳市和濮阳市。这 7 个城市的老年人口比重在 2001~2020 年分别出现了多次上升下降的现象，但与第一等级的 4 个城市相比，整体波动幅度较小（见图 4-4）。三门峡市、商丘市、开封市、南阳市的老年人口比重走势相似，前十年比重变动比例都较小，而后十年增长幅度明显上升。漯河市每一年的老年人口比重均高于其余 6 个城市，同样也表现出后期增长势头迅猛的趋势。安阳市和濮阳市 65 岁及以上人口比重的增长趋势相似，老年人口比重呈现出你追我赶的上升势头。

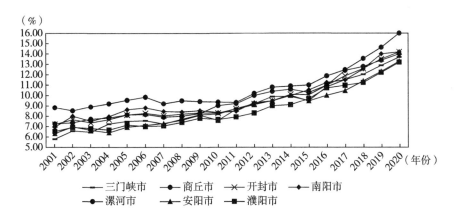

图 4-4　2001~2020 年第二等级 6 个城市的 65 岁及以上人口比重

（3）第三等级：2<方差<4。第三等级的城市主要有焦作市、许昌市、洛阳市、新乡市、鹤壁市和平顶山市，共6个城市。相比于第一等级和第二等级的城市而言，这些城市的老年人口比重波动幅度较小（见图4-5）。焦作市、洛阳市和平顶山市老年人口比重走势较为相似。2001~2007年焦作市老年人口比重呈现缓慢上升趋势，洛阳市和平顶山市则表现出稳步上升趋势。2008~2012年，洛阳市、焦作市和平顶山市老年人口比重均出现轻微的先下跌后上升趋势。而2013~2020年，这三个城市均呈现逐年上升的态势。许昌市和新乡市表现出相似的走势特征，2001~2010年，许昌市和新乡市老年人口比重呈现出波浪式上升特征，出现多次上升下降；2011~2020年，这两个城市老年人口比重进入稳步增长阶段。鹤壁市的老年人口比重起初呈现下降特征，而后在2002~2008年老年人口比重进入倒"U"型增长阶段，老年人口变动幅度相对较小；2008~2020年则进入了快速增长阶段，到2020年，这一比重增长为12.00%。

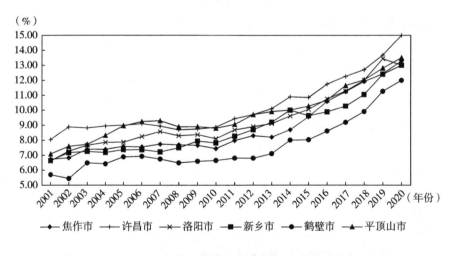

图4-5 2001~2020年第三等级7个城市的65岁及以上人口比重

（4）第四等级：0<方差<2。位于这一等级的城市只有郑州市，其老年人口比重波动幅度最小（见图4-6）。郑州市老年人口比重从2001年的6.81%增加为2020年的9.00%。其中，2001~2003年老年人口比重呈现逐年增长趋势，而之后这一数值却呈现负增长态势，2004~2007年又缓慢增长。2007~2010年老年人

口比重进入了波动幅度较大的调整期。2009~2010 年老年人口比重出现了有数据记录以来的第一次较大幅度下降，降为 2010 年的 7.16%，这可能是因为河南省改变统计口径产生的。一直到 2019 年，整体呈现逐年稳步增长态势，这一方面是因为全球经济逐步进入复苏阶段，另一方面是因为人们的生育观念发生了转变。而 2019~2020 年老年人口比重出现大幅回落，主要原因是 2019 年末各地区提倡"减少出行，就地过年"政策，使很大一部分在郑务工人员留在了郑州市。

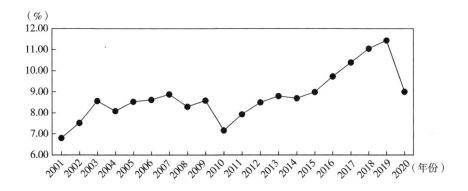

图 4-6 2001~2020 年郑州市 65 岁及以上人口比重

第二节 人口老龄化空间分布

一、人口老龄化空间动态变化

河南省 18 个城市的人口老龄化空间分布格局是随时间推移不断发生变化的，根据这一特点本节运用 ARCGIS 软件对河南省 18 个城市的人口老龄化空间分布格局进行可视化分析。根据数据计算出河南省 18 个城市老年人口比重的均值、标准差和极差。

如表 4-2 所示，河南省 18 个城市平均老年人口比重整体呈现出增长趋势，同时标准差和极差也在逐渐变大，这说明各个城市之间的人口老龄化比重波动性越来越明显，地区之间的差异性也逐渐增大。2001~2020 年中，首先是老年人口比重最大值为驻马店市的次数最多，为 9 次，其次是信阳市和漯河市，各出现了5 次，许昌市仅出现 1 次。而老年人口比重最小值绝大多数都是鹤壁市，这可能是因为鹤壁市人口相对较少。

表 4-2　2001~2020 年河南省 18 个城市老年人口比重　　单位:%

年份	平均值	标准差	最大值	最小值	极差
2001	6.89	0.76	8.82（漯河）	5.69（鹤壁）	3.13
2002	7.34	0.78	8.88（许昌）	5.44（鹤壁）	3.44
2003	7.51	0.75	8.90（漯河）	6.44（三门峡）	2.46
2004	7.66	0.84	9.20（漯河）	6.41（安阳）	2.79
2005	8.08	0.79	9.54（漯河）	6.89（鹤壁）	2.65
2006	8.22	0.93	9.84（漯河）	6.94（鹤壁）	2.90
2007	8.13	0.98	9.75（驻马店）	6.59（济源）	3.16
2008	8.18	0.84	9.80（信阳）	6.50（鹤壁）	3.30
2009	8.38	0.88	10.22（信阳）	6.60（鹤壁）	3.62
2010	8.20	0.91	9.53（信阳）	6.56（济源）	2.97
2011	8.58	0.84	9.96（驻马店）	6.81（鹤壁）	3.15
2012	9.07	0.98	10.60（驻马店）	6.80（鹤壁）	3.80
2013	9.47	1.07	11.20（驻马店）	7.10（鹤壁）	4.10
2014	9.91	0.97	11.60（驻马店）	8.00（鹤壁）	3.60
2015	10.00	0.98	12.04（驻马店）	8.03（鹤壁）	4.01
2016	10.83	0.93	12.70（驻马店）	8.61（鹤壁）	4.09
2017	11.53	1.01	13.05（驻马店）	9.19（鹤壁）	3.85
2018	12.25	1.07	14.13（信阳）	9.90（鹤壁）	4.23
2019	13.28	1.19	15.43（信阳）	11.27（鹤壁）	4.16
2020	13.69	1.55	15.70（驻马店）	9.00（郑州）	6.70

二、各城市人口老龄化空间分布

本书参考易卫华等（2015）等对人口老龄化进程的划分标准，将人口老龄化进程细分为六个阶段：①4% ~ 6.999% 为成年型社会；②7% ~ 7.999% 为老年型初期；③8% ~ 9.999% 为老年型中前期；④10% ~ 11.999% 老年型中期；⑤12% ~ 13.999% 为老年型中后期；⑥14% 以上为老龄化后期。利用 ARCGIS 软件分别绘制 2001 年、2005 年、2010 年及 2020 年河南省 65 岁及以上人口比重的空间分布图。

从这些空间分布图可以看出，2001 年河南省除开封、商丘、平顶山、驻马店、许昌和漯河 6 个城市已经步入老龄化社会外，其余 12 个城市都还处于成年型社会。在 6 个步入老龄化社会的城市中，许昌和漯河 2 个城市已经率先步入老年型中前期阶段。

2005 年，河南省只有鹤壁和安阳 2 个城市还处于成年型社会，其余 16 个城市已经陆续进入老龄化社会。其中，濮阳、新乡、焦作、济源、三门峡、洛阳和周口 7 个城市由原来的成年型社会进入老年型初期阶段，而开封、商丘、平顶山等 9 个城市则都步入老年型中前期阶段。

2010 年，鹤壁依旧停留在成年型社会，而济源因老龄化趋势减弱，重返成年型社会。安阳经过五年的发展进入老年型初期阶段。而郑州市产生逆势发展，由原先的老年型中前期阶段退回到老年型初期阶段，这可能是因为郑州市是河南的省会城市，吸引了大批青年到此务工，从而使得老年人口比重有所降低。另外，三门峡、洛阳和周口由原来的老年型初期阶段发展为老年型中前期阶段。

2020 年，郑州市老龄化进程发展相对缓慢，进入老年型中期阶段。安阳、濮阳、新乡等 9 个城市都由原来所处的老年型初期阶段进入老年型中后期阶段。而开封、商丘、漯河等 8 个城市已经领先于其余城市步入老龄化后期阶段。河南省老龄化发展呈现"片式"发展特征，豫南地区人口老龄化发展速度明显快于豫北地区，这可能是由于经济发展水平的提高、计划生育的实施以及青壮年人口的外流等多方面因素造成的。

三、人口老龄化空间分布特征

根据上文对河南省 18 个城市人口老龄化空间动态变化进行研究分析，本书总结出以下两方面特征：

（一）各城市人口老龄化空间分布存在差异

因"非均衡发展战略""二元结构"在河南省范围内普遍存在，使经济发展在豫北、豫南、豫西和豫东地区表现极为不均衡。另外，各地区根据实际情况在医疗、生活状况以及计划生育政策等方面存在执行力度的差异，这也造成了各个城市人口老龄化程度的不同。从地理位置上来看，河南省老年人口比重分布呈现一定的规律性，2001~2020年的时空演化过程主要呈现出由黄河南部的城市向黄河北部城市蔓延的明显特征。老年人口比重较高的城市主要分布在黄河以南地区，主要有驻马店、信阳和漯河等城市，这些城市的人口老龄化程度明显高于同一时期的其他城市，而济源、焦作、郑州等城市的人口老龄化水平相对较低。

（二）人口老龄化与地区经济发展状况不相符

自20世纪90年代以来，河南省政府积极响应国家号召，在全省实施计划生育政策，这使得河南省人口出生率大幅下降，而人口老龄化程度却进一步加深。导致人口老龄化程度不断加深的因素有很多，不仅地区的经济发展水平会对人口老龄化产生影响，在社会发展过程中诸多人为因素也会进一步加速人口老龄化程度，这会造成一个地区的人口老龄化程度与该地区的经济发展水平不在同一个层次上。在经济发展过程中，河南省各地区在初期并没有做好应对人口老龄化的准备工作，致使各个城市在应对人口老龄化问题上倍感压力。2001年，河南省人口老龄化最为严重的城市主要是许昌和漯河，但这两个城市的经济发展水平在当时河南省整体经济发展中才处于中等水平；2010年和2020年，驻马店、信阳和漯河3市的人口老龄化程度位居河南省前三，但经济发展水平却属于中等靠前水平。从整体上看，河南省人口老龄化程度与地区经济发展水平并不相符，普遍情况是人口老龄化速度明显快于地区经济发展水平，全省"未富先老"情况明显。

第三节　河南省人口总量和老龄化人口预测

一、GM（1，1）灰色预测模型

灰色预测的核心是灰色模型，通过对原始数据的整理来寻求其变化规律，这是一种就现有数据寻求数据的现实规律的途径。其主要思路是把数列各项（时刻）数据依次进行累加，得到累加生成数列。在此基础上建立白化微分方程，最后求解方程并根据结果进行预测。其优点是所需建模信息少，运算方便，能利用微分方程来充分挖掘系统的本质，建模精度高，在各种预测领域都有着广泛应用，主要适用于人口预测、生物繁殖以及产品寿命等模型预测，是处理小样本预测问题的有效工具。灰色预测模型有 GM（1，1）、GM（2，1）、DGM 和 Ver-hulst 模型，本书主要运用 GM（1，1）模型对河南省总体以及各城市老年人口比重进行预测。GM（1，1）模型的基本原理和计算方法如下：

已知原始数据列 $x(0) = \{x(0)(1)，x(0)(2)，\cdots，x(0)(n)\}$。首先，为了保证建模方法的可行性，需要对原始数据列做必要的检验处理，根据已知数据计算序列的级比：

$$\lambda(k) = \frac{x^{(0)}(k-1)}{x^{(0)}(k)}, \qquad k = 2，3，\cdots，n \tag{4-1}$$

如果所有的级比 $\lambda(k)$ 都落在可容覆盖 $\theta = (e-2/(n+1)，e2/(n+1))$ 内，那么序列 $x(0)$ 可以作为模型 GM（1，1）的数据灰色预测。否则，需要对序列 $x(0)$ 做必要的变换处理，使其落入可容覆盖内。一般是适当取常数 c，做平移变换。

$$y^{(0)}(k) = x^{(0)}(k) + c, \quad k = 1，2，\cdots，n \tag{4-2}$$

使序列 $y^{(0)} = \{y^{(0)}(1)，y^{(0)}(2)，\cdots，y^{(0)}(n)\}$ 的级比落入可容覆盖内。

其次，对 $x^{(0)}$ 做一次累加生成序列 $x^{(1)} = \{x^{(1)}(1)，x^{(1)}(2)，\cdots，x^{(1)}(n)\}$

其中：$x^{(1)}(k) = \sum_{i=1}^{k} x^{(0)}(i)$, $\qquad k = 1，2，\cdots，n$ \tag{4-3}

$$z^{(1)} = \{z^{(1)}(2)，z^{(1)}(3)，\cdots，z^{(1)}(n)\}$$
$$= \{0.5x^{(1)}(1) + 0.5x^{(1)}(2)，0.5x^{(1)}(2) + 0.5x^{(1)}(3)，\cdots，$$
$$0.5x^{(1)}(n-1) + 0.5x^{(1)}(n)\} \tag{4-4}$$

建立白化微分方程为：

$$\frac{\mathrm{d}x^{(1)}(t)}{\mathrm{d}t} + ax^{(1)}(t) = b \tag{4-5}$$

记 $u = \{a，b\}^{T}$, $Y = \{x^{(0)}(2)，x^{(0)}(3)，\cdots，x^{(0)}(n)\}^{T}$

$$B = \begin{bmatrix} -z^{(1)}(2) & 1 \\ -z^{(1)}(3) & 1 \\ \vdots \\ -z^{(1)}(n) & 1 \end{bmatrix} \qquad (4-6)$$

由最小二乘法求得 $J(u) = (Y-Bu)^T(Y-Bu)$ 达到最小值时，u 的估计值为 $\hat{u} = (\hat{a}, \hat{b})^T = (B^TB)^{-1}B^TY$

求解方程得：

$$\hat{x}^{(1)}(k+1) = \left[x^{(0)}(1) - \frac{\hat{b}}{\hat{a}} \right] e^{-\hat{a}k} + \frac{\hat{b}}{\hat{a}}, \quad k=1, 2, \cdots, n \qquad (4-7)$$

再次，根据时间响应函数（白化方程的解）对原始数据进行预测，并根据预测结果检验残差、相对误差以及级比偏差等。

（1）残差检验：计算相对残差。

$$\varepsilon(k) = \frac{x^{(0)}(k) - \hat{x}^{(0)}(k)}{x^{(0)}(k)}, \quad k=1, 2, \cdots, n \qquad (4-8)$$

如果对所有的 $|\varepsilon(k)| < 0.1$，那么认为达到较高的要求；否则，如果对所有的 $|\varepsilon(k)| < 0.2$，那么认为达到一般要求。

（2）进行级比偏差值检验。

$$p(k) = 1 - \frac{1-0.5a}{1+0.5a}\lambda(k) \qquad (4-9)$$

如果对所有的 $|p(k)| < 0.1$，那么认为达到较高的要求；否则，如果对所有的 $|p(k)| < 0.2$，那么认为达到一般要求。

最后，在达到检验效果后再对研究对象的发展进行预测预报。

二、河南省人口老龄化比重预测

基于 GM（1，1）灰色预测模型，运用 Matlab2020b 软件对河南省 2001～2040 年 65 岁及以上人口比重进行预测。如图 4-7 所示，河南省 65 岁及以上人口比重呈现逐年增长的趋势，人口老龄化的发展速度将进一步加速。截至 2025 年河南省 65 岁及以上人口将占总人口比重为 13.36%，2027 年这一数值上升为 14.15%，基于国际老龄化社会划分标准，河南省将在 2027 年迈入深度老龄化社会。2030 年河南 65 岁及以上老龄化人口比重将首次突破 15%，上升为 15.43%。随后人口老龄化将继续加深，2040 年这一数值将突破 20%，增长率为 20.57%。

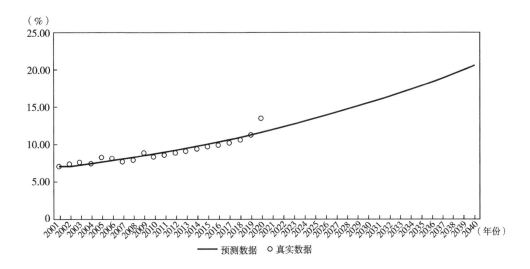

图 4-7　2001~2040 年 65 岁以上人口比重真实数据和预测数据

三、各城市人口老龄化预测空间分布

从 2025 年河南省各城市人口老龄化预测的空间分布图来看，河南省 18 个城市呈现明显的"片式"发展模式。相较于其余城市，郑州市和鹤壁市的人口老龄化进程发展相对缓慢，2025 年郑州市的人口老龄化水平将增长为 11.02%，是河南省唯一还处于老年型中期阶段的城市。另外，河南省还有唯一处于老年型中后期阶段的城市——鹤壁市。预测数据显示，2025 年鹤壁市老年人口比重将达到 12.78%。除此之外，豫北地区人口老龄化进程缓慢的城市都步入了老龄化后期阶段，处于这一阶段的城市达到了 16 个。

到 2040 年，河南省只有郑州市与众不同。郑州市老年人口比重从 2025 年的 11.02% 增长为 13.95%，是河南省仅存的一个尚未进入老龄化后期的城市。由此可见，在不加干预的情况下人口将会进一步发展，届时，河南省 18 个城市都将进入老年型后期阶段。

本章结论

本书首先从时间维度上分析了河南省及下辖 18 个城市人口老龄化时间演变趋势；其次立足于空间维度，运用空间数据分析方法研究了河南省人口老龄化在地理空间上的差异性；最后运用灰色 GM（1，1）模型预测了河南省老年人口比重 2021~2040 年的发展趋势，结论有以下两个：

（1）河南省老年人口数量及比重逐年增加，人口老龄化趋势明显。在历年数据中，2001~2010 年人口老龄化呈现波动上升趋势，而在 2010~2020 年则呈现平滑的直线上升趋势。另外，各城市老年人口比重波动幅度存在差异，大多数城市老年人口比重均高于当前社会发展水平。总体来看，无论是省际层面还是市级层面，老年人口均存在不同程度的波动，但是人口老龄化程度正在逐渐加深的趋势是明显的。

（2）2021~2040 年河南省人口老龄化程度进一步加深。省会城市郑州人口老龄化进程明显落后于其他城市的老龄化发展速度。豫南地区的信阳、驻马店是人口老龄化的重灾区，河南省老龄化程度"南高北低"的局面将进一步加剧，这也说明未来豫南地区在控制人口老龄化趋势上相对于豫北地区所承受的压力更大，所采取的措施也要更加有效才行。

第五章　人口老龄化对河南省经济社会发展的影响分析

人口老龄化的内因和外因不可避免地加速了人口老龄化的进程，我国已全面进入人口老龄化阶段。随着人口老龄化程度的不断加深，老年人口不断增加，其对社会经济的影响越发明显，这引起社会各界和政府对人口老龄化的关注与高度重视。因此，为了厘清人口老龄化对社会经济的影响，有必要对这一社会的基本问题进行深入的讨论和研究。

第一节　人口老龄化对河南省经济社会发展的影响机制

一、人口老龄化影响经济增长的传导路径

在消费和生产过程中，劳动力、资本、技术等方面的变化将影响人口的数量和质量，进而影响整个地区的经济发展。同时，由于人口的变化，也会在一定程度上影响一个国家或地区的经济发展。人口年龄结构是我国人口组成中的一个重要部分，随着人口数量的增长，人口年龄结构的老龄化进程也受到劳动力、消费、储蓄、人力资本、科技创新甚至产业结构等方面的影响。

（一）劳动力

劳动力是地区经济发展的一个重要输入要素，它的影响表现在劳动力的规模和参与程度上，两者都与适龄劳动人口的人数有很大关系。在区域经济发展的进

程中，作为主要的劳动力供应，人口年龄结构的老龄化也会通过劳动力供给规模和劳动力参与率使劳动力供应的因素受到一定的影响。

在人口老龄化的进程中，生育率下降的速度将加快。随着社会和经济的不断发展，我国人口出生率将一直处于低位，生育率持续下降，人口增长率也有所降低。在此期间，青少年的数量和比例持续下降，老年人数量和比重增长缓慢，劳动年龄人口的数量和比例持续上升，总体上的赡养负担相对减轻，为社会经济的迅速发展带来了足够的"人口红利"。随着劳动力在老龄化社会中所占比例的持续降低，其规模逐渐缩小，导致了劳动人口的增长率持续降低。因此，人口老龄化必然会对本地区的劳动力供应造成一定的冲击，从而影响到本地区的经济发展。

劳动参与率是劳动力参与因素中的另一个重要指标，它反映了成人在劳动市场上的就业率，是劳动年龄人口参与就业的一个重要标志。人口年龄结构的老龄化也会影响其劳动参与率。一方面，由于身体健康状况的限制，老龄劳动人口的工作能力趋于下降。另一方面，老龄劳动人口在抚养子女和赡养父母上的压力相对较小，他们更愿意在休闲活动上享有更多的时间，他们选择退休，离开劳动力市场，其劳动参与率下降，而老年人的平均预期寿命随年龄的增长而延长。在生命周期理论的指导下，人们应该提前计划安排自己的晚年生活，延长劳动力供应的时间，使他们有更多的工作收入和存款，从而提高他们的劳动参与率。

（二）消费和储蓄

物质资本是一个国家或者一个区域经济发展所必须具备的物质基础。储蓄是物质资本的形成和积累最重要的资金来源。储蓄由消费行为决定。所以，在物质资本的形成与积累中，消费和储蓄是有关联的。居民是消费与储蓄的主体，不同年龄段的消费与储蓄有所不同。所以，人口老龄化对资本的形成与积累产生影响，并对地区的经济发展也产生了一定的影响。

在生命周期理论中，更理性的消费者在其生活中会调整其收入水平，以达到平滑消费的目的，从而达到最大限度地利用寿命。在工作阶段，一般收入高于支出，存在正储蓄；而在退休时，储蓄率往往呈现出一种上升的趋势。存款和利息收入会随着人年龄的增加而降低，从而使储蓄率降低，甚至产生负储蓄。所以，在生命周期理论的基础上，老年人口比例的增加对我国的储蓄率产生了显著的影响。

然而，传统的生活周期理论忽略了收入水平、消费习惯和生活水平对储蓄的影响。老年人的收入来源一方面是退休金，另一方面是子女赡养。相对于工作阶段，老年人的收入水平下降，由于受传统节俭和消费观念的局限，使老年人的购买力和支出都下降。而理性期望的消费者，则能够合理地配置经济资源，协调生活周期的行为，在意识到预期寿命的延长后，会积极地调节自己的储蓄和消费习惯，而"未雨绸缪"观念则会使储蓄率升高。这就是所谓的老年人的"寿命效应"。

（三）人力资本

新增长理论把经济增长看作人类社会发展的"引擎"，它是人类社会发展的动力。人力资本主要通过教育、卫生、长期投资等方式逐步形成，人力资本是一种聚集于劳动中的力量，它与人口的数量有很大的联系，但由于人口年龄结构的变化，特别是在人口老龄化进程加速的情况下，教育投资和卫生投资的改变也会影响到人力资本的总量，从而对本区域的整体经济发展产生重大的影响。就教育投资而言，随着人口老龄化程度的不断加剧，家庭与社会的养老负担将会加大，因而投资于青年一辈的教育资源将会相对较少。预期寿命的增长意味着人们退休后的寿命将会延长，理性行为者在工作阶段为今后老年生活提供的养老储蓄将会增加，从而导致人力资本投资下降，从而产生人口老龄化对教育投资的挤出作用，而教育投资率的下降则不利于人力资本的积累。从保健投资的角度来看，随着年龄增长，健康资本的储备也会下降。为了维持和增加医疗资金的储备，政府和家庭都会增加卫生投资。人口老龄化的直接结果体现在对健康的投资倾向上。健康方面的人力资本不仅能够直接提高劳动者的劳动参与率和生产力，而且能够优化老年人、残疾人和半残疾人群的健康状况，进而提高他们的劳动参与率和劳动生产力，从而间接地解决因退休所引发的劳动力供应不足以及劳动效率降低等一系列问题。但是，在人口老龄化程度不断加剧的情况下，老年人在健康方面的投入会比年轻人更少，这就意味着，随着人口老龄化程度的加深，医疗卫生投入的正面效应将会逐渐减弱。

（四）科技创新

一个国家或区域健康、持续的经济发展十分重要，其动力来源是科技创新，其核心要点是知识、人力资本的积累。在技术创新的进程中，人口因素在从科学知识到技术发明、从技术发明到企业的产品再到市场的所有环节中都扮演着举足轻重的角色，随着人口老龄化的进程加快，个人素质、认知能力、创造力等方面的改变将通过改变个人、企业和整个社会的创造力来影响经济的发展。

总体而言，人的年龄越大，其生理功能、认知功能也就越弱，这对提高劳动生产率是不利的。从企业的角度来看，老龄化会降低企业的创新活力，导致公司人力资源的消耗，从而影响到公司的创新活动和创新能力；从全社会的角度来看，由于人口老龄化，老年群体的社保费用逐步上升，导致企业人力成本上升，企业的研发投资减少，这对企业的创新活动、创新能力的提升构成了威胁。为了应对不断增加的社会保障支出，减少政府的财务压力，政府将减少支持技术创新的资金。但是，老年人的经历可以补偿由于年龄的增长所带来的认知功能的衰退。老年人可以利用他们的工作经验，制定更加高效的工作策略和组织方式，并通过与年轻人交流成熟的经验使年轻人获得更多的知识，提高工作的创造性，培养他们的创造性思维，降低他们在创造中的失误。另外，由于人口老龄化程度的不断加剧，"人口红利"正在逐步消退，从而造成了劳动力与资本之间的矛盾。企业要想节省资金，就必须采取以资代劳或技术革新的办法，而以资代劳的形式存在着资本边际效益下降的问题，所以，实施劳动节约型技术创新是最好的选择，它能使社会资源得到合理的分配，并能创造出新的技术成果，从而推动技术创新，推动经济发展模式的转变。

（五）产业结构

一国或地区产业结构的变化，常常受消费需求、要素禀赋、技术发展等相关因素的影响。人口老龄化是影响劳动力、消费需求、人力资本积累和技术创新的重要因素。一方面，人口老龄化能够推动产业结构升级，从而对地区的经济发展起到积极的作用。人口老龄化会使青年劳动力供应减少，同时也会使劳动力价格优势逐步丧失。企业要通过资本、技术革新等手段来取代劳动力，从而促进产业结构的优化与升级。同时，由于人口年龄结构的变化，也将导致消费者的需求发生变化。老年人口的规模和比重的增大，会引起消费的规模和成分的改变，进而影响老年人的消费习惯、偏好和消费能力。此外，教育投入的效益也随着预期寿命的延长而增加，即人力资本的累积，也可促使产业结构从劳动密集型转为技术密集型。另一方面，人口老龄化对人力资本和技术创新产生一定的限制作用。人口老龄化会造成劳动年龄人口的结构老化，因而劳动者在成长过程中会受到身体条件的制约，很难掌握新的知识和技术，从而造成劳动生产率低、不能适应产业转型的需求。因此，人口老龄化对人力资本和技术创新的限制将对产业结构升级产生负面影响。

二、标准索洛模型的平衡增长路径

索洛模型的研究重点主要是四个变量：产出（Y）、劳动（L）、资本（K）以及代表知识或者说是劳动有效性（A）。标准的索洛模型假设，在任何时候都有劳动、资本和知识，它们结合起来以制造商品或提供服务。它的总体形式是：

$$Y(t) = F(K(t), A(t)L(t)) \tag{5-1}$$

其中，K、A、L 均是时间 t 的函数。

（一）生产函数的假设条件

对生产函数的假定条件为不变的规模收益、递减的边际报酬、满足稻田条件。

假设 1：规模收益保持不变。规模收益保持不变，是指产出增长的比率与各个生产要素增长的比率相等，也就是说：

$$F(cK, cAL) = cF(K, AL) \tag{5-2}$$

在规模报酬不变的假设下，可以利用紧凑形式，即 $c = \dfrac{1}{AL}$，得：

$$F\left(\frac{K}{AL}, 1\right) = \frac{1}{AL}F(K, AL) \tag{5-3}$$

如果定义 $k = \dfrac{K}{AL}$，$y = \dfrac{Y}{AL}$，且 $f(k) = F(k, 1)$，得到单位有效劳动的函数：

$$y = f(k) \tag{5-4}$$

假设 2：边际报酬下降。紧凑型生产功能满足投入因素的边际产量是正的，而边际效益是负的，即：

$$f(0)=0, \ f'(k)>0, \ f''(k)<0 \qquad\qquad (5-5)$$

假设3：符合稻田条件。当资本存量 k 趋于无限小时，其边际产出无限增大；相反，当资本存量 k 趋于无限大时，其边际产出则会趋于无限小。用数学公式来表示，即：

$$\lim k\to 0 \quad f'(k)=\infty, \ \lim k\to\infty \quad f'(k)=0 \qquad\qquad (5-6)$$

满足稻田条件的主要功能是确保经济增长的路径收敛而不发散。

综上所述，以上的假定条件可以总结为：

（1）零产出、零投入：$f(0)=0$；

（2）资本的边际产出为正：$f'(k)>0$；

（3）边际报酬递减：$f''(k)<0$；

（4）满足"稻田条件"：$\lim k\to 0 \quad f'(k)=\infty, \ \lim k\to\infty \quad f'(k)=0$

满足以上条件的生产函数形状如图5-1所示。

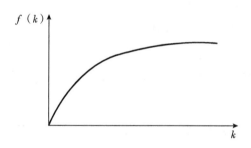

图5-1 柯布—道格拉斯生产函数

（二）生产投入的演变

在此模型中，资本 K、劳动 L 和知识 A 的初始值是确定的，而劳动 L 的增长率为 n，知识 A 的增长率是 g。

$$\dot{L}(t)=nL(t) \qquad\qquad (5-7)$$

$$\dot{A}(t)=gA(t) \qquad\qquad (5-8)$$

其中，时间 t 是连续时间变量，n 和 g 是外生不变的量，$\dot{L}(t)$ 为劳动变量对时间的导数，$\dot{A}(t)$ 是知识变量对时间的导数，且 $L(0)$ 为 $L=0$ 时刻的值，$A(0)$ 为 $A=0$ 时刻的值，得：

$$L(t) = L(0)e^{nt} \qquad (5-9)$$

$$A(t) = A(0)e^{gt} \qquad (5-10)$$

产出的来源是消费和投资。在此基础上，投入与产出的比率为 s，s 为外生变量。现行的资本折旧率为 δ，有：

$$\dot{K}(t) = sY(t) - \delta K(t) \qquad (5-11)$$

其中，$n+g+\delta>0$。

（三）平衡增长路径

已知 $k = \dfrac{K}{AL}$，利用链式法则得到控制经济平衡增长路径的重要方程：$\dot{k} =$

$$\frac{\dot{K}(t)}{A(t)L(t)} - \frac{K(t)}{[A(t)L(t)]^2}[A(t)\dot{L}(t) + L(t)\dot{A}(t)] = sf(k(t)) - (n+g+\delta)k(t) \quad (5-12)$$

其中，$sf(k)$ 被称为单位有效劳动的实际投资；$(n+g+\delta)k$ 是为保证 k 稳定在某一水平上进行的投资，称为持平投资，与 δ 成正比。

从式（5-12）中可以看出：当实际投资 $sf(k)$ 大于持平投资 $(n+g+\delta)k$ 时，k 处于上升状态；当实际投资 $sf(k)$ 小于持平投资 $(n+g+\delta)k$ 时，k 处于下跌状态；当实际投资 $sf(k)$ 等于持平投资 $(n+g+\delta)k$ 时，k 稳定不变。图 5-2 展示了 k 的函数与 $\dot{k}$ 之间的关系。

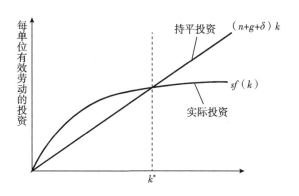

图 5-2　实际投资和持平投资

因为前述的索洛模型的第一个假定是没有投入产出，也就是 $f(0)=0$，故实际投资和持平投资在 $k=0$ 处都为 0。稻田条件要求在 $k=0$ 处，$f'(k)$ 趋于无限大，因此，实际投资 $sf(k)$ 曲线应在持平投资 $(n+g+\delta)k$ 之上，而前者的水平较高。k 越大，$f'(k)$ 越低，直至为 0。在 k^* 点之后，实际投资曲线的斜率逐渐降低，并且比持平投资曲线要小。两者在 k^* 相交并且在 $f''(k)<0$ 的约束条件下仅有一次相交，所以，k^* 就是实际投资曲线与持平投资曲线的交叉点。上面的信息可以用相同的形式概括（见图5-3）。

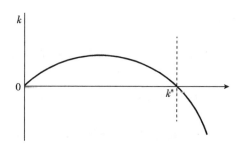

图 5-3 索洛模型中 k 的相图

从图中可以看出，无论 k 从什么时候起，都是逐渐地收敛于 k^*。所以，索洛的标准模型暗示了无论起点是什么，经济都会在一条均衡的增长道路上会聚。

三、引入人口老龄化因素的扩展索洛模型

索洛模型为从统计学和计量经济学的角度分析人口老龄化对经济增长的影响提供了很好的依据，但索洛模型中没有人口老龄化变量。因此，索洛模型实际上忽略了老龄化因素的影响。下面的分析将人口老龄化因素引入索洛模型，使索洛模型成为分析人口老龄化因素对经济增长影响的有效工具，这也是索洛模型应用的延伸。

（一）变量的引入

基于索洛增长模型的基本原理，在索洛模型中引入了人口老龄化因子，从而构建了一条新的经济均衡发展道路，并对其在理论上的作用进行了理论分析。

人口老龄化对经济增长最直接的作用在于劳动要素投入的变化。因此，本书从劳动力角度出发，将人口老龄化问题纳入单一经济增长模式。从整体上来看，一个地区的人口由劳动人口和非劳动人口构成，其中劳动人口是劳动力供给的主

要来源。假设 N 表示总人口，$L=(1-\alpha-\beta)N$ 表示劳动人口，以此方式将人口老龄化因子引入模型中，其中 α 表示人口老龄化比重，即老龄化因子，β 表示少儿人口比重。可以得到单位有效劳动资本量为：

$$k=\frac{K}{AL}=\frac{K}{A(1-\alpha-\beta)N} \tag{5-13}$$

当模型中考虑老龄化因素时，经济中的总收入不能用于消费和投资，但应提取一定比例用于老年人的医疗、养老等社会保障支出。随着人口老龄化程度的提高，社会就业率在财政开支中所占的比例也随之增加，而与标准单一模式相比，其投入的资金比较匮乏。使养老水平系数 λ 为老人的社会保障的开支 $Y_\alpha(t)$ 在总收入 $Y(t)$ 中所占的比重，有：

$$\lambda=\frac{Y_\alpha(t)}{Y(t)} \tag{5-14}$$

（二）扩展索洛模型的构建

在劳动人口的总产出中，提取了一定的社会保障开支 $Y_\alpha(t)$，其消费与投资比例为 $Y_L(t)=(1-\lambda)Y(t)$。人们普遍认为，老年人一旦失去工作能力，就不可能获得劳动收入，大多数只会进行消费，而在社会上，只有一小部分老年人可以投入再生产中。将 $Y_\alpha(t)$ 全部用于消费，社会可用于再生产投资的部分仅为 $Y_L(t)=(1-\lambda)Y(t)$。因此有：

$$\dot{K}(t)=sY_L(t)-\delta K(t)=s(1-\lambda)Y(t)-\delta K(t) \tag{5-15}$$

其中，s 表示劳动人口的储蓄率。

将式（5-15）中两边同时对时间 t 求导，求导后并代入 $\dot{K}(t)=s(1-\lambda)Y(t)-\delta K(t)$，$\frac{\dot{A}}{A}=g$，$\frac{\dot{N}}{N}=n$ 得：

$$\dot{k}(t)=s(1-\lambda)\frac{Y(t)}{A(t)(1-\alpha-\beta)}-\delta k(t)-nk(t)-gk(t) \tag{5-16}$$

最后，将 $f(k)=\frac{Y(t)}{A(t)(1-\alpha-\beta)N(t)}$ 代入式（5-16），可得到：

$$\dot{k}(t)=s(1-\lambda)f(k(t))-\left(n+g+\delta-\frac{\dot{\alpha}+\dot{\beta}}{1-\alpha-\beta}\right)k(t) \tag{5-17}$$

在这里，s 表示劳动人口的储蓄，λ 表示老年居民缴纳社会保险的总成本，n 表示总人口的增长速度，g 表示知识增长速度，δ 是现有资本的折旧率，α 是老年人占总人口的比例，$\dot{\beta}$ 是儿童在总人口中的比例，$\dot{\alpha}$ 是老年人口的增长率，$\dot{\beta}$ 是儿童人口的增长率。

四、扩展索洛模型的动态分析

在标准索洛模型的重要等式（5-12）中，投资被划分为实际投资 $sf(k)$ 和持平投资 $(n+g+\delta)k$。在实际投资与持平投资曲线交叉时，即 $\dot{k}=0$，投资曲线 k^* 的位置是由实际投资曲线和水平投资曲线相交确定。将老龄化因素引入模型中，则会使实际投资曲线与水平投资曲线之间的位置发生改变，其交义点也会随之变动，而且 k^* 位置也不确定。因此，在综合考虑了索洛模式下的老龄化因素后，有必要寻求平衡的发展途径。

如果将老龄化因子 α 纳入该模型中，那么该模型的实际投资将从模型中的 $sf(k)$ 变为现在的 $s(1-\lambda)f(k)$，因此，减少了对社会的真正投入。然而，关于平直的投资曲线运动的走向尚需进一步讨论。

图 5-4 是标准索洛模型中的稳态，它是实际投资曲线 $sf(k)$ 与持平投资曲线 $s(1-\lambda)f(k)$ 的交点；k_1^* 是加入老龄化因子后模型达到的稳态，此时的实际投资变为 $s(1-\lambda)f(k)$、持平投资为 $\left(n+g+\delta-\dfrac{\dot{\alpha}+\dot{\beta}}{1-\alpha-\beta}\right)k$，$k_1^*$ 即是变化了的实际投资与持平投资的交点。

具体分析如下：一方面，我国的实际投资曲线将随人口老龄化程度的增加而改变，进而对我国的经济增长产生一定的影响。按照生命周期理论，人们普遍认为老年人不能工作，老年人只会进行消费，这就造成整体储蓄的减少，并且能够投入的资本也在不断减少。随着人口老龄化程度的增加，老年人的健康保险等支出必然会增加，可供重新投入的资金也会随之下降。所以，如果人口老龄化对我国经济发展造成一定的影响，实际投资曲线将从原先的水平 $sf(k)$ 下降到现在的水平 $s(1-\lambda)f(k)$，而均衡增长路径下单位有效劳动的资本量将从原来的产出 k_0^* 下降到 k_2^*，产出由原来的 $f(k_0^*)$ 下降到 $f(k_2^*)$（见图 5-4）。

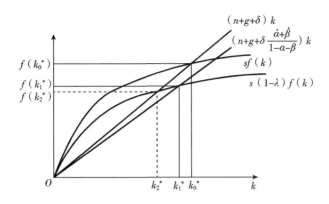

图 5-4　扩展后索洛模型的平衡增长路径

另一方面，人口老龄化会持续地改变人口的年龄结构，对不均衡的投资曲线产生一定的影响，从而对最后的产量有一定的影响。人口变迁理论认为，人口的年龄组成是不变的，而应与经济发展程度相适应。从高出生、高死亡率的传统模式向高出生、低死亡率过渡，再到现代的低出生、低死亡率。在索洛模型的扩展中表现为 $\dfrac{\dot{\alpha}+\dot{\beta}}{1-\alpha-\beta}$ 的大小，$\dfrac{\dot{\alpha}+\dot{\beta}}{1-\alpha-\beta}$ 的变动会直接引起投资平衡点的横向运动，进而影响到产出水平的变化。

如果 $\dot{\alpha}<0$，$\dot{\beta}>0$，且 $|\dot{\alpha}|<\dot{\beta}$，此时老年人口比例继续下降，儿童人口比例继续增加，而且儿童人口比例的增长速度要比老年人口比例下降速度大得多，人口年龄结构属于年轻型，即 $\dfrac{\dot{\alpha}+\dot{\beta}}{1-\alpha-\beta}$。这样，平均的投资曲线就会向右下角移动（见图 5-5），与实际投资曲线 $s(1-\lambda)f(k)$ 相交的位置确定了有效劳动的单位资本量 k 和产出水平 $f(k)$ 的数值。由此可以看出，k 增加，其产出水平 $f(k)$ 也随之提高。这主要是由于这一时期的老龄人口比例偏低，同时，劳动的单位有效生产也得到了改善，这对我国的经济和社会发展起到了积极的推动作用。

如果 $\dot{\alpha}>0$，$\dot{\beta}>0$ 且 $\dot{\alpha}<\dot{\beta}$，尽管老龄化人口比例会逐步增加，儿童人口比例会降低，但儿童人口比例的增长仍然超过老龄化人口比例的增长，并且人口的年龄结构会发生变化，进入一个过渡时期，这是一个以死亡率降低为标志的过渡时

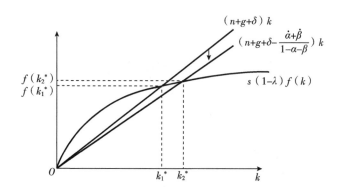

图 5-5　人口老龄化因素促进经济增长

期，即 $\dfrac{\dot{\alpha}+\dot{\beta}}{1-\alpha-\beta}>0$。持平投资曲线向右下方移动（见图 5-5），与实际投资曲线 $s(1-\lambda)f(k)$ 的交点决定了 k 和 $f(k)$ 的大小。可见，有效劳动的单位资本量 k 增大，其产出水平 $f(k)$ 也随之提高。这是由于这个时期的老龄人口比例偏低，还没有进入老龄化社会，劳动力的供应仍然很充足，在某种程度上仍然可以推动经济的发展。

如果 $\dot{\alpha}>0$，$\dot{\beta}>0$ 且 $|\dot{\alpha}|>\dot{\beta}$，这时老龄化人口比例持续增长，其增长速度超过了儿童人口比例的降低，并且人口年龄结构将进入老龄化的后过渡时期，这是一个以出生率降低为标志的过渡时期，即 $\dfrac{\dot{\alpha}+\dot{\beta}}{1-\alpha-\beta}>0$。持平投资曲线向右下角移动（见图 5-5），与实际投资曲线 $s(1-\lambda)f(k)$ 的交点决定 k 和 $f(k)$。可见，单位有效劳动力的资本量 k 增大，其产出水平 $f(k)$ 也在增加。这一时期人口老龄化程度相对较低，前期积累的劳动力供应仍然相当充裕，在某种程度上仍然可以推动经济发展。

如果 $\dot{\alpha}>0$，$\dot{\beta}>0$ 且 $|\dot{\alpha}|<\dot{\beta}$，这时，儿童人口比例的降低速度要快于老龄化人口比例增长速度，人口的年龄结构已经正式进入老龄化社会，并进入低出生率、低死亡率的现代化社会，即 $\dfrac{\dot{\alpha}+\dot{\beta}}{1-\alpha-\beta}<0$。持平投资曲线由原先模型中的 $(n+g+\delta)k$ 变为现在的 $\left(n+g+\delta-\dfrac{\dot{\alpha}+\dot{\beta}}{1-\alpha-\beta}\right)k$，因 $\dfrac{\dot{\alpha}+\dot{\beta}}{1-\alpha-\beta}<0$，导致持平投资曲线向左上方移动

（见图 5-5），与实际投资曲线 $s(1-\lambda)f(k)$ 的交点决定 k 和 $f(k)$，使交点由（k_1^*，$f(k_1^*)$）左移至（k_2^*，$f(k_2^*)$），平衡增长路径的 k 和 $f(k)$ 均下降。

总之，随着人口老龄化的日益严重，人口年龄结构由年轻向老年转变，人口由传统向现代转变。相应地平坦投资曲线从右下向左上移动，产出水平降低。这说明在人口变迁的各个时期，各区域的人口老龄化程度存在着差异。然而，总体规律仍然表明，人口老龄化越严重，对经济产出的抑制作用越明显。

第二节　研究设计和变量选取

各地区之间的经济发展并非相互独立的，而是由于各要素的相互作用而形成了某种空间联系。所以，在实证分析人口老龄化对区域经济增长的影响时，也要考虑在运用合适的空间要素的基础上进行实证研究。所以，本章将进行模型和方法的选择，变量选取，数据采集，进而通过 Geoda 和 Matlab 软件实证研究河南省18 个市域地区间经济增长的空间相关性，以及在空间要素基础上的人口老龄化对经济增长的研究。

一、研究方法

空间计量经济学是一门新兴的经济学科，其目的是探讨在横向资料与面板资料的回归模式下，如何处理空间交互（空间自相关）与空间结构（空间异质性）。近年来，在我国社会科学尤其是应用经济学的研究中，空间计量经济学的研究已经取得了长远的进步。空间要素已经成为影响地区经济发展的一个主要因素。一方面，经济活动越来越依赖空间。另一方面，如果忽略解释变量的滞后性，那么模型的回归结果通常是有偏差的，而忽略误差项的空间相关性会降低模型估计的效率。

（一）空间权重矩阵

空间权重矩阵是运用空间性数据进行空间计量分析的前提，能够表达出不同地区属性值之间的相关关系。由于本书采用的数据资料是来自河南省 18 个市域地区，且每个地区之间基本存在毗邻关系，为了客观分析人口老龄化与经济社会之间的空间相关性和经济社会分别各自的空间相关性，本书构建二进制空间权重矩阵，即基于 Rook 相邻的空间权重矩阵。

首先，通过对 18 个市域地区采用相邻的方式创建空间权重矩阵，生成的空间权重矩阵为一个 18×18 的 0~1 矩阵；其次，在空间计量的分析过程中，本节将通过在 Geoda 软件空间权重矩阵进行标准化变换，使矩阵的和为 1。

（二）空间自相关检验

空间自相关分析是衡量一个元素的属性值与其邻近空间的属性值之间的关系，是研究元素的空间相关性的一种重要手段。整体上具有空间的自相关性以及局部的自相关性。整体空间自相关可以检测出各地区人口老龄化与经济效应之间的空间相关性。为了研究河南省 18 个市域地区经济增长的空间关联性，基于全局空间自相关的表达式（5-1），运用 Geoda 软件对各个城市经济增长的空间相关性进行分析。

本书采用全局 Moran's I 指数对河南省各个城市经济增长的空间相关性进行检验，表达式如下：

$$I = \frac{n \sum_{i=1}^{n} \sum_{j=1}^{n} w_{ij}(x_i - \bar{x})(x_j - \bar{x})}{s^2 \sum_{i=1}^{n} \sum_{j=1}^{n} w_{ij}} (i \neq j) \tag{5-18}$$

其中，Moran's I 的数值范围通常在 [-1, 1]，当 $I = 0$ 时，表示各个空间单位间彼此独立，不存在空间相关性特征；当 $I > 0$ 时，表示各个空间单位间存在正相关；当 $I < 0$ 时，则表示负相关；n 表示城市数量，x_i、x_j 分别指区域 i 和 j 的属性观测值，也就是人均 GDP 增长率；s^2 是属性值的方差；$\bar{x}$ 是观测值的平均值；w_{ij} 为空间权重矩阵。

全局空间自相关只能从整体角度说明研究区域内人口老龄化对经济影响的空间关联性，无法具体地反映出地区的聚集和差异性，而地方自相关可以反映邻近地区的关联作用，常用莫兰散点图来描述。莫兰散点图分为四个象限，这四个象限代表着四种不同的空间聚集：一是高—高聚集；二是低—高聚集；三是低—低聚集；四是高—低聚集。高—高聚集、低—低聚集表现出强烈的正相关关系，而低—高聚集、高—低聚集则具有强烈的负相关关系。

（三）空间计量模型

空间计量经济学识别和测量观察个体在空间和时间上的溢出效应，并在一定范围内定义和设定观察个体在空间上和时间上的关系。空间计量经济学的发展使传统的计量经济学的分析结构发生了变化，成为它的一种特殊的应用。

为了探究河南省人口老龄化对经济社会的影响，将具体的研究区域选择为市级区域，分析方法采用空间计量模型。比较常见的主要的空间计量模型有空间滞后模型（SLM）、空间误差模型（SEM）和空间杜宾模型（SDM）。

1. 空间滞后模型（Spatial Lag Model，SLM）

在空间计量经济学中，最普遍使用的是空间滞后模型，即空间自回归模型。该模型可以把被解释变量的空间位置变化和其他位置（尤其是周围位置）的变量相结合，以解决各单元间的相关性。它的计量模型为：

$$Y=\rho WY+X\beta+\varepsilon \tag{5-19}$$

2. 空间误差模型（Spatial Error Model，SEM）

这一模型的重点是对空间干涉的关联与总体的空间相关性，也就是本地区因变量。受其他地区随机误差项（不包括在模型中的影响因素）影响，它的计量模型为：

$$Y=X\beta+\mu，\ \mu=\lambda W\mu+\varepsilon \tag{5-20}$$

3. 空间杜宾模型（Spatial Durbin Model，SDM）

空间杜宾模型考虑了空间关系的多维度，因此，空间关联性既能表现在被解释变量中，又能反映在解释变量中，其经济意义表现为：某一个特定的空间单元，不仅会受其本身解释变量的影响，也还会被其他维度的解释变量所影响。由前文分析可知，河南省18个市域地区经济增长和社会发展具有较为明显的空间相关性特征，所以采用空间杜宾模型，其计量模型设定如下：

$$Y=\rho WY+X\beta+\theta WX+\varepsilon \tag{5-21}$$

式中，Y 表示被解释变量；X 表示解释变量；β 表示回归系数；W 表示 n 阶的空间权重矩阵；ε 表示服从独立同分布的随机误差项。在式（5-18）的基础上加入人口老龄化指标的空间滞后项，构建带有人口老龄化指标的空间杜宾模型，可以更好地研究河南省内邻近地区人口老龄化对本地区经济增长的影响。

在这些因素中，空间杜宾模型既考虑各因素之间的空间相关性，又将各区域的自变量与自变量的空间相关性结合起来。因此，本章采用空间杜宾模型，实证分析河南省人口老龄化对我国经济增长的影响。

二、变量的选取

在构建计量分析的模型过程中，变量的选取十分重要，所选变量应包括被解释变量、解释变量以及控制变量等。从经济学视角出发，本着科学性和客观性的原则来进行相关变量的选定。

（一）被解释变量选取

（1）经济指标。反映经济增长的指标有很多，目前常用的有 GDP、GDP 增长率、人均 GDP 和人均 GDP 增长率等。相对来说，一个地区的发展水平及速度可以由人均 GDP 增长率比较客观地反映出来，同时，在对市级行政单位进行分析时，具有很强的可比性。所以选择人均地区生产总值增长率（pcgdp）作为被解释变量来刻画各个地区的经济增长水平。

（2）社会指标。这里选取恩格尔系数（EC）作为社会指标。恩格尔系数是食品支出总额占个人消费支出总额的比重，在一定程度上可以反映居民的社会生活质量。

（二）核心解释变量

选取人口老龄化作为核心解释变量，选取 18 个市域地区的老年人口系数，即 65 岁以上老人在全国人口中所占比例。

（三）选取控制变量

控制变量的选取也保证了模型结果的可信度及稳健性。本章主要控制变量的选取如下：

（1）劳动力供给指标（l）。劳动力供应是衡量劳动力供应水平的主要手段，劳动力供应的大小和参与程度对经济发展起着决定性的作用，本章以就业人口与地区年末常住人口之比来象征劳动力供给。

（2）产业结构指标（is）。产业结构代表着当地整体产业素质与效率。产业结构的升级,是从低端到高水平的转变,意味着整体产业素质与效率的提高,在一定程度上可以反映地区的经济发展程度,可以为地域经济增长提供动力。这里用第三产业与第二产业增加值之比来表示。

(3)投资指标。资本包括人力资本和物质资本两大类,它们都是对经济增长造成影响的重要因素。因此,将投资指标分为物质资本投资和人力资本投资,由于数据可得性和指标代表性原则,仅选择物质资本投资(pc)衡量资本水平,用固定资产投资增速来表示。

三、数据的来源与描述

本书使用的数据来自各年份的《河南统计年鉴》以及河南省各个地级市的统计年鉴,样本选取为河南省17个地级市和1个省直辖县级市共18个市域地区2001~2020年的平衡面板数据。平衡面板数据是由时间、个体、变量三个方面组成的数据结构,它是通过面板数据对变量间的关系进行分析,并对其进行预测。所以,平衡面板数据模型在此类计量分析中有着较为广泛的应用。变量的描述性统计如表5-1所示,观测值为360。

表5-1　各变量描述性统计

变量	变量符号	指标选取	最小值	最大值	均值	标准差
经济增长	$pcgdp$	人均 GDP 增长率	3431	113139	29860	21034.68
社会发展	EC	食品支出总额占个人消费支出总额的比重	0.14	0.77	0.33	0.10
老龄化水平	age	老年人口占比	5.69	15.40	9.11	1.91
劳动力供给	l	就业人口与地区年末常住人口之比	0.44	0.87	0.63	0.08
产业结构	is	第三产业与第二产业增加值之比	0.17	0.59	0.32	0.08
物质资本投资	pc	全社会固定资产投资与生产总值之比	-21.2	12.0	1.2	3.7

资料来源:表中数据由笔者整理《河南统计年鉴》相关数据得出。

第三节　实证结果分析

一、河南省人口老龄化对经济的影响结果分析

（一）空间自相关分析

本书借助 Geoda 软件来检验河南省经济增长的空间相关性。表5-2 为河南省共 18 个市域地区的全局莫兰指数。结果显示，基于地理距离空间权重矩阵的空间相关性很明显，几乎所有年份的经济质量相关性通过了显著性检验。此外，2001~2020 年河南省人均 GDP 实际的 Moran's I 指数值均大于零。总体上呈现先上升后下降的趋势，其中 2002 年和 2020 年通过 5% 的显著性检验，其余年份均通过 1% 的显著性检验。具体来看，2002~2007 年 Moran's I 指数持续上升，在 2007 年达到顶峰，此后虽然有上升但在大趋势上还是下降的。说明河南省 18 个市域层面的人均 GDP 存在显著的空间正相关性，但是在地理空间分布上经济增长呈现不均衡态势。

表5-2　河南省经济全局空间自相关的 Moran's I

年份	人均 GDP Moran's I（P-Value）	经济—人口老龄化（P-Value）
2001	0.344 *** (0.007)	-0.149 * (0.095)
2002	0.273 ** (0.020)	0.058 (0.258)
2003	0.420 *** (0.004)	-0.140 (0.116)
2004	0.440 *** (0.004)	-0.161 * (0.092)
2005	0.465 *** (0.003)	-0.200 * (0.060)
2006	0.471 *** (0.002)	-0.194 * (0.058)

年份	人均GDP Moran's I (P-Value)	经济—人口老龄化 (P-Value)
2007	0.481*** (0.002)	−0.214** (0.035)
2008	0.468*** (0.002)	−0.261** (0.021)
2009	0.449*** (0.003)	−0.296*** (0.009)
2010	0.443*** (0.002)	−0.395*** (0.004)
2011	0.446*** (0.002)	−0.341*** (0.006)
2012	0.439*** (0.002)	−0.353*** (0.006)
2013	0.421*** (0.002)	−0.393*** (0.004)
2014	0.407*** (0.004)	−0.374*** (0.006)
2015	0.398*** (0.005)	−0.311** (0.011)
2016	0.405*** (0.004)	−0.261** (0.020)
2017	0.410*** (0.005)	−0.287** (0.014)
2018	0.399*** (0.006)	−0.252** (0.021)
2019	0.385*** (0.008)	−0.228** (0.024)
2020	0.278** (0.025)	−0.173* (0.057)

注：*、**、***分别表示在10%、5%、1%的水平下显著。括号内数值为P值。

在经济与人口老龄化的双变量空间自相关检验上，可以看出除2002年的全局莫兰指数为正外，其余年份皆为负值，且在2009~2014年均满足1%水平的显著性检验。故可初步得出人口老龄化对经济影响有明显的空间相关关系，集聚态势较强，区域经济差异较大。

（二）空间计量模型的回归结果

综上所述，河南省 18 个市域地区间的经济研究变量都存在空间相关性和异质性，可以初步判断人口老龄化与经济两者相互影响，但还不明确具体影响的结果。为此，需要运用 Matlab 软件引入空间计量方法来进行实证分析。

如表 5-3 所示，三个模型中只有 SEM 模型结果为显著，且人口老龄化系数为负。结合河南省具体情况来看，2020 年河南省老年人口比重为 13.5%，表明老龄化进程进一步加深，年轻人的抚养压力逐年递增，2020 年总抚养系数已达到 57.8，足见压力之重。老年抚养压力增大深刻影响着每个家庭的支出，进而反映到整个社会，各种教育科研支出受制于养老金发放，而劳动力的下降则导致劳动力成本提高，企业利润下降，活力降低，这些都会反映在经济增长中。

表 5-3　模型估计结果

变量	SAR	SEM	SDM
age	0.007422 （0.844208）	−0.094961 *** （−4.458582）	0.007422 （0.844208）
ln$pcgdp$	0.884479 *** （47.974992）	0.914473 *** （66.746665）	0.884479 *** （47.974992）
控制变量	控制	控制	控制
corr-squared	0.1220	0.1228	0.1220
Log-likelihood	−169.86993	−161.09456	−169.86993
σ^2	0.1284	0.1185	0.1284
N	360	360	360

注：*、**、***分别表示在10%、5%、1%的显著性水平下显著。括号内的数值为 t 统计值。

再从 SDM 模型的空间效应分解来看，可以得出人口老龄化会影响经济增长的结论。老龄化总效应系数为 0.1286，在 5% 的水平下显著，直接效应系数为 0.0610，在 1% 的水平下显著，间接效应系数为 0.0676（见表 5-4）。虽然人口老龄化对经济增长的某些方面会产生负面作用，但从实证结果来看，河南省人口老龄化对经济增长起到正面作用。主要原因有以下五个：一是由于河南省是人口大省，与沿海发达省份不同，平均受教育水平较低，计划生育政策的执行情况较差，在20世纪八九十年代出生的年轻人很少是独生子女，所以在很大程度上为河南省延续了人口红利；二是后代受教育年限随人口老龄化增长，人力资本质量在不断提升，从而刺激了经济增长（Fougère，1999）；三是人口老龄化带来的"技术替代劳动力激励"会在一定程度上提升整个社会的创新能力（闫海春，2020）；四是虽然老年人年老体弱，但在长期工作中积累了丰富的相关领域工作经验，因而在一些要求经验和知识广度的工作岗位上优于年轻人；五是现行社保制度仍不完善，老年人仍倾向于进行大量储蓄来防范老年疾病风险，而大量储蓄推动了投资行为的发生，从而拉动经济增长。这些都抵消了大部分人口老龄化带来的负作用。

表5-4　SDM模型的空间效应分解

变量	直接效应	间接效应	总效应
age	0.061032 *** (7.537910)	0.067572 (1.196196)	0.128604 ** (2.162626)
l	0.993542 *** (6.500128)	5.324790 ** (2.208816)	6.318332 ** (2.509227)
is	-0.407650 ** (-2.336712)	7.345029 *** (3.523427)	6.937379 *** (3.176694)
pc	0.01044 *** (2.806311)	0.138889 ** (2.298578)	0.149330 ** (2.338179)

注：*、**、***分别表示在10%、5%、1%的显著性水平下显著。括号内的数值为t统计值。

二、河南省人口老龄化对社会的影响结果分析

（一）空间自相关分析

借助Geoda软件来检验河南省社会以及社会与人口老龄化之间的空间相关性。表5-5为河南省18个市域地区的社会全局莫兰指数，从恩格尔系数的全局空间自相关莫兰指数来看，并未发现有连续性的显著关系出现，所以无法确定河南省18个市域地区在人口老龄化对于社会发展的影响上存在显著的空间相关性。

表5-5 河南省社会全局空间自相关的 Moran's I

年份	恩格尔系数 Moran's I（P-Value）	社会—人口老龄化（P-Value）
2001	-0.0292 (0.415)	0.059 (0.293)
2002	-0.106 (0.197)	0.076 (0.205)
2003	0.114 (0.102)	0.001 (0.493)
2004	0.112 (0.124)	0.156* (0.083)
2005	0.081 (0.157)	0.294 (0.011)
2006	-0.121 (0.365)	0.189* (0.058)
2007	0.204* (0.052)	0.131* (0.090)
2008	0.076 (0.162)	0.166* (0.059)
2009	0.094 (0.118)	0.058 (0.234)
2010	0.109 (0.113)	0.247** (0.015)
2011	-0.029 (0.386)	0.280*** (0.010)
2012	-0.087 (0.413)	0.165* (0.065)
2013	0.073 (0.188)	0.203** (0.039)
2014	0.217** (0.025)	0.232** (0.028)
2015	-0.162 (0.255)	0.121 (0.137)
2016	0.188* (0.055)	0.246** (0.021)
2017	-0.146 (0.313)	0.144 (0.105)

年份	恩格尔系数 Moran's I (P-Value)	社会—人口老龄化 (P-Value)
2018	0.004 (0.340)	0.170* (0.069)
2019	0.104 (0.143)	0.117 (0.136)
2020	0.184** (0.042)	0.282** (0.016)

注：*、**、***分别表示在10%、5%、1%的水平下显著。括号内数值为 P 值。

在人口老龄化与社会的双变量全局空间自相关检验上，所有的莫兰指数均为正值，在 2010~2014 年存在连续性且不同显著程度的正相关关系，且在选取的 20 年数据中仅有开始的三年和其中少数几年没有存在显著关系，这说明各个市域地区之间人口老龄化对社会的影响呈现出明显的空间集聚特征，存在空间差异（见表 5-5）。

（二）空间杜宾模型的回归结果

如表 5-6 所示，与经济一样，三个模型中只有 SEM 模型结果在 5%的水平下显著，无法得出明显的结论。如表 5-7 所示，老龄化总效应系数为 -0.0257，在 1%水平下显著，直接效应系数为 -0.0002，间接效应系数为 -0.0254，也是在 1%水平下显著。此外，恩格尔系数越低说明社会发展越好，所以结果说明人口老龄化对社会发展产生正向影响，也同样可以用 20 世纪八九十年代出生率带来的人口红利、教育年限增长所导致的人力资本质量的提高、技术替代劳动力激励、老年人工作经验和知识丰富、高储蓄导致高投资来解释。

表 5-6　模型估计结果

变量	SAR	SEM	SDM
age	-0.000881 (-0.775559)	0.006642** (2.394157)	-0.004089 (-1.065127)
EC	0.868475*** (41.427068)	0.885462*** (48.373902)	0.882479*** (47.007493)

续表

变量	SAR	SEM	SDM
控制变量	控制	控制	控制
corr-squared	0.1011	0.0689	0.2690
Log-likelihood	568.96629	571.40589	661.30533
σ^2	0.0021	0.0021	0.0013
N	360	360	360

注：*、**、***分别表示在10%、5%、1%的显著性水平下显著。括号内的数值为 t 统计值。

表5-7　空间杜宾模型的空间效应分解

变量	直接效应	间接效应	总效应
age	−0.000216 (−0.063096)	−0.025448*** (−2.744420)	−0.025664*** (−2.883635)
l	−0.003577 (−0.066233)	−0.529708 (−1.526090)	−0.533285 (−1.473338)
is	−0.051473 (−0.765800)	−0.462738 (−1.586396)	−0.514211* (−1.698534)
pc	−0.001214 (−1.439709)	−0.013164* (−1.707686)	−0.014378* (−1.742555)
控制变量	控制	控制	控制

注：*、**、***分别表示在10%、5%、1%的显著性水平下显著。括号内的数值为 t 统计值。

三、稳健性分析

为了检验上文所构建的空间计量模型的稳健性。通过总 GDP 代替人均 GDP，老年人口抚养比代替老年人口系数，再次代入模型进行实证。结果见表5-8，实证结果与前文相似，老龄化对经济的间接效应系数为 0.1495，总效应系数为 0.1363，两者都在 1% 的水平下显著；老龄化对社会的间接效应系数为−0.0083，总效应系数为−0.0079，两者都在 10% 的水平下显著。故总老年人口抚养比对 GDP 和社会发展产生显著的正向作用，即实证结果是稳健的。

表5-8　代换后的空间杜宾模型的空间效应分解

变量	直接效应	间接效应	总效应
age_2-$lnGDP$	−0.013123 （−0.938335）	0.149465*** （6.030903）	0.136342*** （6.402118）
age_2-EC	0.000456 （0.245541）	−0.008307* （−1.779576）	−0.007851* （−1.794990）
控制变量	控制	控制	控制
N	360	360	360

注：*、**、***分别表示在10%、5%、1%的显著性水平下显著。括号内的数值为t统计值。

本章结论

因此，无论是从理论上还是实证上，人口老龄化都会对各地区的生产要素产生影响，从而使各地区的生产要素发生变化，最终影响到各地区的经济发展。本章从地区经济发展的空间关联度出发，运用空间计量模型，分别从经济和社会角度对河南省人口老龄化对各地区经济增长的效应和异质性进行了实证分析，通过收集2001~2020年河南省18个市域地区的人口老龄化、经济、社会、劳动力供给、产业结构和物质资本投资的面板数据，构建空间杜宾模型，进而实证研究人口老龄化对河南省经济与社会的影响。得到的结论主要有以下两个：

（1）从Geoda软件分析的人口老龄化和经济、社会的单变量以及双变量空间自相关分析来看，老龄化和经济以及老龄化和社会在空间上存在一定的集聚性，区域差异较大。

（2）通过空间杜宾模型分解效应得出河南省人口老龄化对经济、社会产生正向作用。究其原因有以下五个方面：一是河南省是人口大省，与沿海发达省份不同，由于历史遗留问题，平均受教育水平较低，计划生育政策的执行情况较差，在八九十年代出生的年轻人很少是独生子女，这在很大程度上为河南省延续了人口红利；二是因为后代受教育年限随人口老龄化增长，人力资本质量在不断提升，也刺激了经济增长；三是人口老龄化带来的"技术替代劳动力激励"会在一定程度上提升整个社会的创新能力；四是虽然老年人年老体弱，但在长期工作中积累了丰富的相关领域工作经验，因而在一些要求经验和知识广度的工作岗位上优于年轻人；五是现行社保制度仍不完善，老年人仍将通过大量储蓄来防范老年疾病风险，而大量储蓄推动了投资行为的发生，从而拉动经济增长。

第六章 人口老龄化背景下河南省养老服务 PPP 模式建设的探究

　　随着人口老龄化的深入发展，社会对养老服务的需求也在持续升级，经济的繁荣不仅提升了人们的生活水平，也催生了老年人对生活品质的多样化追求。如今的养老服务已不再仅仅满足于基本的生活需求，而是向医疗、日常照料、精神健康等全方位、多层次的服务体系拓展。在满足物质需求的基础上，如何进一步丰富老年人的精神世界和文化生活，为他们提供专业且富有人文关怀的养老服务，促进老年人的身心健康，已成为老年福利的重要组成部分，也成为养老服务领域面临的新课题。因此，如何扩大养老服务的规模与覆盖范围，以应对不断增长的老龄人口，并持续提升服务质量，确保每位老人都能享受到高品质的晚年生活，无疑是养老服务事业未来发展的关键所在。

　　鉴于传统的家庭养老模式在当今社会日渐式微，社会养老方式正在承担起越来越多的责任，对于大多数老年人及其家庭而言，依靠社会养老体系获得必要的支持与帮助已成为他们的首选。社会资本的参与无疑将为养老服务业注入新的活力，它不仅能够有效动员社会各界力量，丰富服务内容，降低服务成本，还将有助于构建一个更加多层次、多样化的养老服务供给体系，从而满足老年人日益增长的多元化需求。

第一节　养老服务领域中的 PPP 模式可行性分析

　　我国已跻身全球老年人口最多的国家之列，老龄化速度之快、应对任务之艰巨皆为世界罕见。党的十九大报告高瞻远瞩地指出，要积极回应老龄化社会的挑战，致力于构建一个融合养老、孝老、敬老理念的政策体系与社会环境。在这一进程中，推进医疗与养老的深度融合以及加速老龄事业与产业的协同发展，显得尤为重要。值得一提的是，政府与社会资本合作（PPP）模式凭借其独特的优势，已成为解决我国养老问题不可或缺的一环。PPP 模式能够更有效地调动社会资源，激发市场活力，为老年人提供更加多元、优质的养老服务，共同迎接老龄化社会带来的挑战与机遇。

一、供需角度

我国已于 2022 年跨入深度老龄化社会的门槛，根据《中华人民共和国 2022 年国民经济和社会发展统计公报》，我国 60 岁及以上老年人口已接近 3 亿，占总人口近两成，65 岁及以上老年人口也突破了 2 亿大关，占比达到了 14.9%。这一趋势预计在未来数年内将持续加剧，到 2030 年，60 岁及以上老年人口比例预计将攀升至 25% 左右，尤其值得关注的是，80 岁及以上的高龄老人群体也在不断扩大。[①] 与此同时，我国的人口出生率呈现出了下降的趋势，而死亡率则相对稳定，导致自然增长率首次出现了负数。[②] 这一人口结构的变化无疑加剧了养老问题的紧迫性，养老服务需求激增，而市场供给却显得捉襟见肘。尤其是随着社会观念的转变和经济的发展，人们对于养老方式的选择也日趋多样化。机构养老等新型养老模式正逐渐受到青睐，大众对高质量医疗护理服务的需求表现得尤为迫切。然而，现实情况却是，我国养老机构的数量和床位数都远远不能满足庞大的市场需求，截至 2022 年末，全国养老机构为 4.0 万个，养老服务床位数为 829.4 万张，养老服务床位数比 2021 年增长 14.5 万张，年增长 1.7%，平均下来我国每 1000 名老年人拥有养老床位数仅为 29.6 张，[③] 远低于发达国家 50~70 张的平均水平。另外，养老服务机构还普遍存在着服务质量水平偏低、设施功能不完善等问题，实际利用率并不高，养老需求与养老资源的错配问题仍然需要进一

---

① 资料来源：《国务院关于印发国家人口发展规划（2016—2030 年）的通知》。

② 《中华人民共和国 2022 年国民经济和社会发展统计公报》：全年出生人口 956 万人，出生率为 6.77‰；死亡人口 1041 万人，死亡率为 7.37‰；自然增长率为-0.60‰。

③ 资料来源：《中国民政统计年鉴》（2023 年）。

步解决。

随着我国人口老龄化趋势日益显著，积极发展养老服务业已显得刻不容缓，这不仅是激发经济新活力的重要途径，也是维护社会和谐稳定的关键环节。在这一背景下，养老 PPP 模式的引入显得尤为重要，它能够有效调动社会各方力量，显著提升养老服务供给的效率和质量，满足广大老年人多样化、多层次的需求。尤其是私营机构作为社会发展的重要力量，其参与养老机构建设的主要动力在于寻求经济增长点。它们能够根据老年人的实际需求进行服务创新，提供更为精细化、个性化的养老服务。这种以市场为导向的服务模式，不仅有助于优化养老机构的服务供给结构，还能在一定程度上缓解床位供需矛盾，提高床位利用率。此外，私营机构的参与还能够促进养老机构服务的专业化发展，为了提升服务质量，养老机构需要加大资金投入，积极引进和培养专业人才，这将有助于实现养老服务的标准化、规范化，确保老年人能够享受到优质、满意的养老服务。同时，这也将推动养老机构实现利益最大化，形成良性循环的发展格局。

二、有效拓宽融资渠道

养老机构的建设对资金需求巨大，单纯依靠政府财政投入显然难以满足日益增长的市场需求，资金短缺已然成为制约养老机构发展的主要瓶颈。为了推动养老服务行业的蓬勃发展，必须寻求多元化的融资渠道，打破传统思维束缚，让社会资本在养老服务领域发挥更大作用。在这一背景下，政府和社会投资人应携手共进，建立以政府为主导、社会资本广泛参与的融资新机制。PPP 模式正是实现这一目标的理想选择，通过 PPP 模式，政府资金与社会资本得以有效结合，不仅大幅拓宽了养老机构建设的资金来源，还有助于缓解政府的财政压力。

与此同时，我国城乡基础建设的持续提升和居民储蓄额的历史性增长，为民间资本参与养老机构建设提供了坚实的基础。民间闲置资金拥有巨大的发展潜力，而养老机构建设则为其提供了一个风险较低、回报稳定的投资渠道，通过 PPP 模式引入民间资本，不仅能解决养老机构的资金困境，还能为民间资本提供新的增值机会。

PPP 模式在养老机构建设中的应用，既顺应了市场需求，又发挥了政府和社会资本的各自优势，它不仅能够推动养老服务的专业化、市场化发展，还能够实现政府、社会资本和老年人之间的共赢。因此，政府、社会、机构等多元主体应积极探索和推广 PPP 模式在养老服务领域的应用，为构建更加完善的养老服务体系贡献力量。

三、提高运营效率及服务质量

政府与市场在资源配置中各有千秋，将两者有效结合，发挥各自优势，显得尤为重要。在我国，众多公办养老机构深受行政主导影响，其服务意识和水平往往未能达到行业平均标准，而社会资本方在 PPP 模式中的参与恰能弥补这一不足。具体来说，社会资本方在 PPP 模式中的优势主要体现在以下三个方面：一是其逐利的本性促使其树立正确的经营理念，全方位满足老年人的服务需求；二是社会资本方在管理上受行政约束较小，能够灵活地采用高效的管理方法和技巧；三是为了在竞争中脱颖而出，社会资本方会积极提升服务人员的专业素养，通过专业培训、市场化招聘等方式，提高服务能力和水平。

政府部门的角色则主要体现在宏观布局、监管强化、政策完善以及确保养老机构的公益性上。通过 PPP 模式，政府与社会资本方携手合作，既能充分利用社会资本方在管理和技术上的优势，又能显著提升养老机构的运营效率和服务质量。这样的结合无疑为养老服务行业的发展注入了新的活力。

四、合理分担风险

养老机构 PPP 项目因涉及大额初期投资、漫长投资回收期及服务的特定对象等特性，在建设与运营阶段所面临的风险错综复杂。这些风险大体可归为系统风险与非系统风险两类。系统风险主要涵盖政策风险、经济波动风险及法律风险，它们往往源于外部环境的变动，对所有项目均产生影响；非系统风险则更多与项目自身运营相关，包括运营风险、技术创新风险及市场竞争风险等，它们对项目的影响程度因项目的具体情况而异。

多数民办养老机构受限于规模，难以实现规模经济，导致经营成本相对较高，虽然公办养老机构在风险承受能力上占有优势，但这也意味着政府在某种程度上承担了更大的风险。在此背景下，PPP 模式的引入显得尤为关键，该模式通过风险分担与收益共享的机制，有效优化了公私合作中的风险分配，旨在实现整体风险最小化及多方利益共赢。更为重要的是，PPP 模式能够在更广泛的社会层面促进经济与社会的规模效益，为养老服务的可持续发展提供有力支持。然而，为了充分发挥 PPP 模式的潜力，还需在项目策划、实施及运营等各个环节加强风险管理，确保各参与方能够明确责任、有效应对各类风险挑战，共同推动养老机构 PPP 项目的稳健发展。

五、公私合作经验

自 20 世纪 80 年代起，公私合作模式便如雨后春笋般在全球范围内蓬勃发展，为养老机构 PPP 模式的开展提供了宝贵的参考与丰富的实践经验。在我国，PPP 模式的应用领域持续拓展，其中成功案例层出不穷，例如，深圳沙角电厂与北京奥运主体育场等，这些项目都充分展示了公私合作的巨大潜力与优势。当然，任何尝试都不可能一帆风顺，又如，深圳梧桐山隧道等项目的失败也提供了宝贵的教训。当前，在养老机构建设领域，PPP 模式的应用尚处于初级阶段，不过一些地区已经对此进行了深入研究，对发展前景进行了构想，并在小范围内进行了尝试，这些探索性的实践为 PPP 模式在养老机构建设中的更好应用提供了有益的借鉴，对 PPP 模式的发展完善具有重要的现实意义。

未来，随着经验的积累与制度的完善，PPP 模式将在我国养老机构建设中发挥更加重要的作用，为老年人提供更加优质、高效的养老服务。同时，政府和各界应持续关注并总结实践经验，不断完善相关政策与法规，以确保 PPP 模式的健康、持续发展。

第二节　河南省养老服务 PPP 模式构建的前提条件

一、PPP 模式助推养老服务业发展符合政策导向

由于人口老龄化的持续加剧以及家庭结构逐渐小型化，养老服务供给主体所面临的问题日益凸显。为了应对这一挑战，中央政府采取了一系列政策措施，积极鼓励并引导民间力量和社会组织参与到养老服务体系的建设中来，这些政策措施在不同阶段都进行了精心的统筹安排（见表6-1）。通过这些举措，中央政府旨在推动养老服务体系的持续发展，以更好地满足老年人的养老需求。

表 6-1　养老服务中 PPP 模式政策的发展历程

年份	发文机关	政策名称	主要内容
2014	财政部、国家发展改革委等	《关于推广运用政府和社会资本合作模式有关问题的通知》	鼓励社会资本参与基础设施和公共服务领域建设，明确 PPP 模式的推广范围和操作流程
2015	国务院办公厅	《关于在公共服务领域推广政府和社会资本合作模式的指导意见》	针对公共服务领域推广 PPP 模式提出具体要求，强调要优化风险分配、提升供给效率
2016	民政部、国家发展改革委	《民政事业发展第十三个五年规划》	提出鼓励民间资本参与养老服务机构建设和管理，推动形成多元化的养老服务供给格局
2017	财政部、民政部、人力资源社会保障部	《关于运用政府和社会资本合作模式支持养老服务业发展的实施意见》	专门针对养老服务业运用 PPP 模式提出指导意见，包括项目筛选、合作模式、政策支持等方面
2015	河南省人民政府办公厅	《关于促进政府投融资公司改革创新转型发展的指导意见》	鼓励政府投资公司与社会资本广泛合作，积极运用政府和社会资本合作模式，参与政府负有提供责任又适宜市场化运作的公共服务、基础设施类项目建设与运营
2016	河南省财政厅、民政厅	《关于在公共服务领域推广政府和社会资本合作模式的指导意见》	明确了在公共服务领域推广 PPP 模式的具体目标和措施，包括养老服务在内的多个领域被列为重点指导
2017	河南省民政厅、省发改委	《河南省"十三五"养老服务体系建设规划》	规划中提出鼓励社会资本通过 PPP 模式参与养老服务体系建设，优化服务供给结构
2018	河南省财政厅、民政厅等	《关于支持社会力量参与养老服务发展的实施意见》	提出了支持社会力量参与养老服务的一系列政策措施，包括财政补贴、土地供应、税费减免等，并鼓励采用 PPP 模式
2019	河南省人民政府办公厅	《河南省推进政府和社会资本合作规范发展的实施意见》	进一步完善了 PPP 模式的操作规范，为养老服务领域 PPP 项目的实施提供了更加明确的指导

资料来源：根据相关政策整理而得。

最早关于养老服务 PPP 模式的政策是 2014 年由财政部、国家发改委等多个部门联合发布的《关于推广运用政府和社会资本合作模式有关问题的通知》。这项政策鼓励社会资本参与基础设施和公共服务领域建设，并明确了 PPP 模式的推广范围和操作流程，为后来 PPP 模式在养老服务领域的应用奠定了基础。

随后，2015 年国务院办公厅转发《关于在公共服务领域推广政府和社会资本合作模式的指导意见》，提出建立政府和社会资本合作参与养老服务的多渠道项目回报机制，进一步推动了 PPP 模式在养老服务领域的应用和发展。

具体到养老服务领域，2017 年财政部、民政部、人社部联合发布《关于运用政府和社会资本合作模式支持养老服务业发展的实施意见》（以下简称《意见》），这是专门针对养老服务业运用 PPP 模式提出的指导意见，该《意见》提出落实着力推进幸福产业服务消费提质扩容工作部署，鼓励运用政府和社会资本合作（PPP）模式推进养老服务业供给侧结构性改革，加快养老服务业培育与发展，形成多层次、多渠道、多样化的养老服务市场，推动老龄事业发展。这是"政社合作""养老服务"首次作为文件标题出现，标志着养老服务发展中 PPP 模式的专业化与精准化得到了进一步的重视和推进，表明政府已经认识到，单纯依靠政府力量来提供养老服务是不够的，需要引入社会资本和专业化机构来提高养老服务的供给效率和质量。

与此同时，2014 年 11 月，河南省人民政府颁布《关于推广运用政府和社会资本合作模式的指导意见》提出："鼓励社会资本通过特许经营权等方式参与我省重大基础设施和公共服务项目投资运营，拓宽城镇化建设融资渠道，提高公共产品供给能力和效率，促进政府职能加快转变。"2017 年，河南省民政厅、省发改委制定《河南省"十三五"养老服务体系建设规划》，明确鼓励社会资本通过 PPP 模式参与养老服务体系建设。2019 年发布《河南省推进政府和社会资本合作规范发展实施办法》，进一步完善了 PPP 模式的操作规范。这些政策措施旨在为社会资本进入养老服务领域提供便利和支持。

由此可见，PPP 模式已经具备了良好的政策条件，为养老服务的创新与发展提供了有力支撑。政府明确提出了吸引社会资本参与养老服务建设的大方向，强调市场力量的发挥，推动养老服务业的多元化发展。在政策法规的实施上，主要聚焦于居家、社区和机构养老三大领域，其中，公办民营的养老机构模式成为政策关注的重点。此外，相关部门对支持政策进行了具体细化，涵盖税收减免、土地优惠等多项扶持措施，旨在为社会资本参与养老服务供给创造有利条件。这些政策的出台，不仅有助于减轻公共部门的负担，也能够激发市场活力，提升养老服务的整体质量，进而推动整个养老服务业的繁荣发展。可以说，政府通过这一系列政策举措，为 PPP 模式在养老服务领域的应用与发展指明了方向。

二、PPP 模式与养老服务业发展特点基本吻合

养老服务产业与 PPP 模式之间存在着共通之处，这些共通点为其有效对接提供了坚实的基础，从而有望解决长期困扰养老服务产业的资金缺口问题。这种共通性主要体现在以下两个方面：

首先，养老服务产业作为公共服务领域的重要组成部分，承载着社会福利的重要使命，具有明显的正外部效应，对社会的和谐稳定与发展起着积极的推动作用，这一点在面向空巢老人、"三无"老人、农村"五保"老人以及经济困难的失能老人的机构养老服务中尤为凸显。随着我国老龄化趋势的日益加剧，养老机构供不应求的问题越发突出，"一床难求"的现象屡见不鲜，为了有效缓解这一难题，必须积极探索养老服务供给的多元化路径。在养老服务产业中，政府部门应发挥主导作用，同时借助 PPP 模式的优势，适度引入市场竞争机制，以此提升养老服务产业的供给效率和服务质量。

其次，养老机构及其服务具有准经营性质，虽然可以通过服务收费来回收部分资金，但由于服务对象主要是老年人，其收入的稳定性往往较差。因此，政府部门需要采取更加积极的措施来完善养老机构的资金回收机制。例如，可以通过提供财政补贴等优惠政策来激励社会资本的投入，同时建立合理的投资回报机制，以进一步提高社会资本的参与积极性。这些措施为 PPP 模式在养老机构建设和运营中的应用提供了有力的理论支撑和实践指导。

鉴于两者的发展特点基本吻合，养老服务产业与 PPP 模式的结合具有广阔的发展前景和巨大的潜力，应充分发挥两者的优势，有效解决养老服务产业面临的诸多挑战，推动其健康、可持续的发展，为老年人提供更加优质、高效的养老服务。

三、政府部门和私营部门之间取长补短、相互均衡

养老服务产业采用 PPP 模式增加有效供给，展现出其独特的优势，这主要体现在政府与私营部门之间的优势互补与均衡合作上。具体而言，这种优势可分为以下三个方面：

首先，面对日益加剧的人口老龄化趋势，政府在养老机构的财政投入上面临着巨大压力。然而，在经济新常态背景下，我国经济增长速度由高速转向中高速，多个行业出现产能过剩，导致民间存在大量闲置资金。因此，将 PPP 模式与养老服务产业相结合，不仅能够有效缓解政府的财政负担，还能充分利用民间私人资本，推动公共基础设施建设的顺利进行。

其次，随着我国老龄化进程的加速，虽然养老服务产业市场潜力巨大，但由于养老机构具有投资大、回报慢、风险高等特点，往往使民间投资者望而却步，导致养老服务的有效供给无法得到保障。通过引入 PPP 模式，政府可以提供一定的风险担保，从而降低民间资本的投资风险，进而激发其参与养老服务业的积极性，有效增加养老服务的供给。

最后，在市场竞争环境中，私营部门通常具备显著的竞争优势，包括先进的管理技术、专业人才以及科学的决策和评估体系。在项目启动前，私营部门能够基于数据分析，对项目的可行性和风险进行充分预估，确保科学决策。而在项目的管理和运营过程中，私营部门则能够发挥其效率优势，实现利益最大化。因此，将养老机构视为准公共产品，将养老服务视为准公共服务，需要政府部门与私营部门携手合作来共同提供。通过这种合作方式，可以寻求最佳的效率和公平组合，实现养老服务有效供给增加的养老目标，为老年人提供更高质量的养老服务。

四、经济高速发展、养老服务供给初具规模

河南省经济持续蓬勃发展，《2022 年河南省国民经济和社会发展统计公报》的数据显示，全年河南省生产总值跃升至 61345.05 亿元，较上年稳健增长

3.1%。这一显著成就标志着河南省经济社会总体态势保持平稳且稳中有进，广大民众逐步迈向富裕生活，坚实的经济基础为构建多层次的养老补贴制度奠定了财政基石。

在养老服务领域，河南省取得了令人瞩目的进展。《河南社会发展报告（2023）》显示，截至 2022 年 6 月底，河南省 673 个街道共建设 652 个综合养老服务中心，覆盖率达 97%；7334 个社区共建成 6926 个社区养老服务场所，覆盖率 94%；157 个县（市、区）共建成 147 个县级特困供养机构，覆盖率 93.6%。具体到社区老年人日间照料中心的建设上，2017 年，河南省着手在社区建设包含配餐就餐室的社区老年人日间照料中心（托老站）。2018～2020 年，河南省新建的社区老年人日间照料中心数量分别为 500 个、1039 个与 1011 个，呈现快速增长的趋势。截至 2021 年 4 月底，河南省社区老年人日间照料中心共计 3371个，基本实现居家社区"15 分钟养老服务圈"全覆盖。

随着养老消费市场的潜力不断释放，行业投资呈现出快速增长的态势。新兴养老服务模式和业态层出不穷，服务供给日益多元化，服务内容和服务范围也在持续拓展，以满足老年人多样化、个性化的养老需求。这些积极变化不仅体现了河南省对养老服务的高度重视和大力支持，也为河南省养老服务产业的未来发展奠定了坚实基础。

第三节　河南省养老服务 PPP 模式的实践案例分析

一、开封市民生养老院项目介绍①

（一）项目基本情况

开封市民生养老院项目位于河南省开封市，占地面积 47301 平方米，规划地上建筑面积 56000 平方米，地下车库面积 7200 平方米，总床位 1500 张。该项目

---

① 实践案例中相关数据来源于实地调研获得。

由两部分组成：一是中央投资项目市社会福利院老年养护楼，总建筑面积 21250 平方米、包括综合楼 5400 平方米，老年养护楼 15850 平方米，床位 500 张，以孤寡老人为主要服务对象。二是社会引资项目，建筑面积约 34750 平方米，地下车库面积 7200 平方米，建设内容包括综合楼、康复楼、智障老人公寓楼、居家养老楼、自理型老人公寓及配套设施等建筑，床位 1000 张。该项目总投资 2.2 亿元，旨在打造成一所集养老服务、医疗服务、老年旅游、老年健康讲座、老年产品开发、老年活动中心等老年服务项目于一体的综合性养老服务机构。该项目是开封市政府响应党的号召，结合以《开封"文化+健康养老"专项行动实施方案》为依据，积极推行 PPP 项目，加快发展养老事业的具体体现，也是开封市首批 PPP 模式重点项目。该项目开创了开封市养老产业政府与社会资本合作的新模式，将打造成为"立足开封、辐射全省、设施先进、环境优美、服务优质、管理高效"的示范性养老服务项目，有力地推动了开封市养老服务产业长足发展。

（二）运作模式

开封市民生养老院项目采用的是结合 BOT（建设—运营—移交）和 BOO（建设—拥有—运营）两种模式的混合运作模式。在社会福利服务中心、居家养老服务和医院方面，项目采用 BOT 模式。这意味着项目公司负责这些设施的建设，并在合作期内负责运营管理，从中获得合理的经济回报。当 BOT 合作期满时，一方面，项目公司将管理权移交给政府，而产权则归政府所有。另一方面，在颐养学院、养老公寓和养老商业中心方面，项目则采用 BOO 模式，这意味着项目公司不仅负责这些设施的建设，也在合作期内拥有产权并负责运营管理。在合作期满后，代表政府出资的单位将退出项目公司，但产权仍然归承接项目的公司所有。这种综合运作模式结合了 BOT 和 BOO 的优点，使项目能够在不同领域和不同阶段灵活应对不同的需求和挑战。同时，它也有助于吸引更多的社会资本参与养老产业，推动养老服务的专业化和市场化，提高服务质量和效率。最终，这种模式将为开封市的老年人提供更加全面、优质的养老服务。

（三）投融资结构

为了确保开封市民生养老院项目从设计、融资、建设到运营、维护和最终移交等全生命周期的顺畅整合，项目团队精心策划并控制了整个生命周期内的成本。经过详细评估，项目全生命周期的总成本确定为4.8亿元，涵盖了建设成本和运营维护成本两大方面。其中，建设成本为2.2亿元，主要用于项目的设施建设；而运营维护成本为2.6亿元，主要用于确保项目在运营过程中的持续稳定运行。在总投资方面，项目总投资额为2.2亿元。其中，1亿元作为项目的资本金，由项目公司组建并出资到位。为了筹集剩余的资金，项目团队积极与社会资本方合作，通过政府引导基金融资、银行贷款、信托融资等多种方式进行融资。这些资金的到位为项目的顺利推进提供了坚实的资金保障。通过全生命周期的成本控制和多元化的融资方式，开封民生养老院项目不仅确保了项目的质量和效益，还为社会资本提供了合理的投资回报，进一步推动了养老产业的可持续发展。这种综合成本控制和融资策略的实施，为项目的长期稳定运行和养老服务的持续优化奠定了坚实的基础。

（四）定价机制

为了确保项目的经济合理性和保护政府与社会资本双方的权益，当投资额出现变动时，将进行相应的缺口补助投资估算调整。这一调整将以审计确认的金额作为最终付费基准，并根据实际情况灵活调整。如果审计金额超出投资估算，将根据具体情况进行区分处理：如果责任在政府方，那么超出部分将纳入总投资额进行调整；如果责任在项目公司方，那么超出部分将不计入总投资额，不予调整。鉴于消费物价指数、劳动力市场指数等因素可能对项目运营维护成本产生影响，导致项目整体收益水平波动，将根据财务测算中的敏感性分析结果，原则上每3~5年对补贴进行一次调整，以确保项目的持续稳定运行。为了维护双方利益并保障项目的合理利润水平，当成本变动超过10%时，将临时启动政府运营补贴费用调整程序。调价将基于社会资本方在公益项目中增加的成本进行计算，以保持项目的整体合理利润水平。这可能涉及增加政府补贴或减少政府方面的超额利润分成比例。这一灵活调整机制的实施，旨在确保项目的长期稳定运行，同时实现政府与社会资本双方的互利共赢。

（五）回报机制

该项目将结合使用者付费和可行性缺口补助的回报机制，确保项目的经济可行性和持续运营。具体而言，可行性缺口补助将分为可用性付费和绩效付费两部分，以满足项目的长期运营需求。根据详细测算，在不考虑财政资金补贴的情况下，项目的税后财务内部收益率为 5%，财务净现值为 1373.96 万元，投资回收期为 11.98 年。鉴于这一相对较低的税后财务内部收益率，积极引入可行性缺口补助机制，以提升项目的吸引力和可持续性。考虑到该项目属于公益性项目，其运营收入难以覆盖全部前期投资成本，因此，可行性缺口补助的引入将为社会资本提供合理的盈利空间，进而吸引更多优质社会资本注入养老产业。这一举措不仅有助于提升项目的经济效益，也能推动养老产业的健康、可持续发展，实现社会效益和经济效益的和谐统一。

（六）经验分析

开封市民生养老院项目采用使用者付费和可行性缺口补助的回报机制，这一机制在养老产业中相对新颖。通过结合两种付费方式，项目不仅确保了基本的经济可行性，也为社会资本提供了合理的盈利空间。特别是可行性缺口补助的引入，有效地弥补了项目初期投资成本与运营收入之间的差额，增强了项目的吸引力和可持续性；作为公益性项目，开封市民生养老院项目在提升社会效益方面表现显著。通过提供高质量的养老服务，项目不仅满足了老年群体的需求，还促进了社区和谐与家庭幸福。此外，项目的成功运营还为社会资本提供了投资养老产业的信心，有助于推动养老产业的整体发展。

二、南阳市金鹏养老服务中心[①]

（一）项目基本情况

位于南阳市新能源经济技术开发区的金鹏养老服务中心，自 2002 年投入运营以来，已成为南阳市规模最大、功能最为全面的养老服务机构。中心占地75333 平方米，现有老年居室 110 间，为超过 160 位老人提供了温馨的家。然而，随着人口老龄化趋势的不断加剧，当前的设施和服务已无法满足日益增长的老年人需求，亟待扩大规模以应对挑战。这一改扩建项目不仅被河南省发改委、省民

———————————

① 实践案例中相关数据来源于实地调研获得。

政厅等部门认定为"河南省健康养老服务业重点项目"，更在 2015 年被河南省发改委列为省级 A 类重点建设项目，并成功入选省财政厅 PPP 模式第二批公开推介项目库。同年 9 月，该项目更荣获财政部第二批全国示范项目的殊荣。南阳市金鹏养老服务中心的改扩建项目预计总投资将达到 23.60 亿元，计划新增床位 10000 张。项目将涵盖接待中心、老年公寓、医院、养老院、老年活动中心等多元化设施，总建筑面积达 92 万平方米。这一扩建计划将使养老服务规模实现跨越式增长，最大限度地满足河南省本地化的养老需求，为更多老年人提供优质的养老服务。

（二）运作模式

南阳市金鹏养老项目相较于一般的基础设施项目，呈现出形态多样、服务导向、市场驱动、收费机制复杂和价格弹性大等特点。这些特点使其在公私合作的 PPP 模式的选择上，需要考虑不同于传统基础设施项目的因素和角度。针对养老项目的特殊性，相关政策文件提出了公建民营、公办民营、民办公助和政府购买服务等模式，这些模式主要侧重于提升公办养老项目的运营效率和服务水平，以解决其供给能力不足的问题。通过引入这些模式，旨在整合政府和社会资源，优化养老服务的整体质量和效率，更好地回应社会对养老服务的多元化需求。

（三）投融资结构

在资本金投入方面，南阳市金鹏养老项目发起人和社会资本方会按照约定的比例共同出资，形成项目的资本金，这部分资金将用于项目的初期建设和开发；在项目债务融资上，项目公司通过银行贷款、债券发行等债务融资方式筹集资金，用于补充项目的建设资金和运营资金；在政府补贴和优惠政策方面，由于养老项目具有一定的社会公益性质，南阳市政府提供一定的补贴和优惠政策，如税收优惠、土地供应、贷款利率优惠等，以降低项目的成本和提高社会资本方的参与积极性；在使用者付费和政府付费方面，南阳市金鹏养老项目的收益来源主要包括使用者付费（养老服务费用）和政府付费（政府购买服务、运营补贴等），这些收入将用于偿还债务、支付运营成本以及实现社会资本方的回报；在风险分担机制方面，在 PPP 模式下，政府和社会资本方需要共同分担项目的风险，具体的风险分担比例和方式将根据项目的实际情况和合同条款来确定；在退出机制方面，当项目合作期满或达到约定的退出条件时，社会资本方需要有一个合理的退出机制，这可能包括股权转让、资产证券化等方式，以确保社会资本方的投资回报和项目的可持续发展。南阳市金鹏养老项目的投融资结构将是一个综合考虑政府、社会资本方、金融机构等多方利益的复杂体系。通过合理的投融资结构设计，可以实现项目的顺利推进和养老服务的可持续发展。

（四）定价机制

南阳市金鹏养老项目的定价机制综合考虑多种因素，主要体现在以下三个方面：一是成本导向。先根据项目的各项成本来确定基础价格，然后根据市场情况和竞争状况进行适当调整。二是按照市场导向定价。根据市场需求和竞争状况来确定价格，通过进行市场调研和比较分析，以确保定价的合理性和竞争力。三是按照价值导向定价。根据提供的服务质量和价值来确定价格，这种方式可能需要项目方对自身的服务内容和质量有充分的了解和评估。无论采用哪种定价方式，南阳市金鹏养老项目都需要在保证项目可持续运营的前提下，充分考虑老年人的经济承受能力和养老服务的社会公益性，制定合理的定价策略。同时，随着市场环境和政策法规的变化，定价机制也需要进行相应的调整和优化。

（五）回报机制

南阳市金鹏养老项目的回报机制涉及多个方面，以确保项目的可持续运营和合理回报。主要体现在以下四个方面：一是服务收费。作为养老机构，南阳市金鹏养老项目的主要收入来源之一是通过向老年人提供有偿服务来获取回报，如入住费用、护理费用、餐饮费用等。这些费用将根据服务内容、质量和市场需求进行合理定价，以确保项目的经济可持续性。二是政府补贴和优惠政策。河南省政府和南阳市政府对养老机构提供一定的补贴和优惠政策，以支持其发展社会福利事业。三是除了服务收费和政府补贴外，南阳市金鹏养老项目还积极探索其他多元化收入来源。例如，与医疗机构合作提供康复服务，开展养老培训、咨询等业务，或者利用项目内的设施开展文化、娱乐等活动并收取相应费用。四是南阳市金鹏养老项目拥有一定的土地和建筑资产，这些资产随着时间的推移而增值，可以通过合理规划和管理，提高资产的使用效率和价值，从而实现资产的长期增值。

（六）经验分析

总的来说，南阳市金鹏养老项目的成功经验有以下四个方面：一是在项目定位与市场需求上，南阳市金鹏养老项目在定位上充分考虑市场需求和老年人群体的特点，提供了满足老年人需求的服务和设施。通过市场调研和分析，发现一些未被充分满足的需求，并据此进行服务和设施的设计与优化。这种以市场需求为导向的定位策略有助于项目的成功。二是在服务质量和创新上下功夫。在服务方面，南阳市金鹏养老项目注重提高服务质量和创新。通过提供个性化、专业化的服务，满足老年人多样化的需求。同时，项目还关注服务流程的优化和服务人员的培训，以提高服务效率和客户满意度。三是扎实做好运营成本控制。在运营管理方面，南阳市金鹏养老项目建立了完善的运营管理体系，包括人员招聘、培训、考核等方面。通过科学的管理和合理的资源配置，确保项目的高效运营和成本控制。此外，项目还关注运营过程中的风险控制和应对机制，以降低潜在风险对项目的影响。四是积极整合优化社会资源。南阳市金鹏养老项目积极寻求与其他机构或企业的合作，以整合资源、共享优势。例如，与医疗机构合作提供康复服务、与教育机构合作开展老年教育等。这种合作伙伴关系的建立有助于拓展服务领域、提高服务质量，实现资源共享和优势互补。

第四节　河南省养老服务 PPP 模式面临的问题和挑战

自 20 世纪引入 PPP 模式以来，我国在该领域的实践尚处于初期探索阶段。尽管 PPP 模式在公共交通、公共水电等基础设施建设方面得到一定应用，但在公共服务领域，尤其是在养老服务方面，其应用仍处于不断摸索和尝试的过程中，当前国内可供借鉴的 PPP 模式养老服务项目并不多见，这在一定程度上限制了该模式在养老服务领域的推广和应用。此外，由于我国各地经济和社会背景存在显著差异，能够直接照搬的成功案例更是寥寥无几，这种局面促使各地在推进 PPP 模式养老服务项目时，往往需要结合自身实际情况进行创新和探索。

在此背景下，河南省 PPP 模式在养老服务领域的应用面临以下六个问题与挑战：

一、养老服务 PPP 模式探索中的不确定性与机制争议

与基础设施项目相比，养老服务项目展现出独特的复杂性和多样性。它们不仅形态各异，也更加强调服务的质量和市场的响应性。从居家养老到社区养老，再到机构养老，每种方式都有其特定的设施和服务需求。例如，社区养老机构涵盖日间照料中心、托老所、老年活动站等多种形式，而机构养老则进一步扩展到老人院、福利院和医院等多种形态。这种高度的多样性意味着养老项目在寻求与之相匹配的 PPP 模式时面临着巨大的挑战，难以形成一套统一且成熟的操作体系。

此外，与基础设施项目采用相对固定的定价和调价机制不同，养老服务项目的服务收费因服务类型和服务等级的不同而呈现出明显的差异。各种服务收费方式和标准层出不穷，这无疑增加了项目的复杂性和不确定性。从实际操作层面来看，这种收费差异会直接影响到投资回报率、投资回收周期等核心指标，从而对投资人的决策产生深远影响。因此，这无疑加大了政府与社会资本在养老服务项目中实现有效合作的难度，需要双方在更深入的层面进行沟通和协调。

二、养老服务监管难度较大，缺乏普适的标准

养老服务项目的核心在于提供高质量的软性服务，这与污水处理、轨道交通等可以通过硬性指标来衡量的项目存在明显差异。当前，尽管已有一些养老规范标准，但它们更偏重对硬件设施的规定，而对软件服务标准的制定相对滞后。因此，在实际操作中，政府很难依据这些规范制定出一套行之有效的指标来衡量养老服务的质量，这无疑增加了监管的难度。

对于医养结合 PPP 模式项目的监管和评估，涉及政府、社会资本、服务工作人员和服务享受者即老年人四个主体，其复杂性不言而喻。首先，政府在这一体系中既是监管机构又是被监管机构，这种双重身份使监管和评估的效力和可信度受到质疑。其次，对于社会资本而言，政府对其医养结合服务的监管和评估主要集中在硬件设施上，如场所面积、设施种类和配备等。然而，医养结合养老服

务的真正重点应在提升服务质量上。由于缺乏类似于一般性基础设施建设的硬性指标,服务质量、老年人的感受等更为复杂和主观的因素难以被标准化衡量。这导致当前难以建立一套完善的医养结合 PPP 模式项目监管体系和评估标准,日常的监管评估操作往往流于形式,无法发挥实质作用。此外,对于服务工作人员而言,他们的工作过程缺乏有效的监管机制。在服务提供过程中,可能会出现服务不到位甚至虐待老人等问题,而且,由于不能像其他岗位那样按照工作绩效进行评估,服务的质量往往依赖于老年人、同事和领导的感受进行衡量,这具有极大的主观性和复杂性。最后,对于老年人而言,由于缺乏入住前的身体健康情况评估,可能会导致资源浪费或资源不足的问题出现。因此,需要进一步完善监管机制,提高评估标准的科学性和可操作性,以确保医养结合 PPP 模式项目的顺利推进和高质量服务的提供。

三、养老服务项目"公益性"和资本"逐利性"难以平衡

PPP 模式养老服务项目普遍面临较长的投资回报周期,且在整个项目生命周期中,从决策、设计建设到运营管理和最终交付使用,各阶段均存在不同程度的风险。这些风险的不确定性不仅会对项目的价值与收益造成影响,甚至可能影响到养老公共服务的顺畅提供。进一步考虑到养老服务项目固有的特性,如周期长、投资规模大以及资本回收速度缓慢,加之养老服务作为准公共产品所具备的非完全竞争性和非完全排他性,使这类公益项目在吸引社会资源时面临一定的挑战。

对于政府而言,其目标是利用有限的资源使公共服务的效益最大化,确保养老服务项目能够满足老年人及其家庭的需求,并保持其公共服务的本质。社会资本往往追求快速回报和利润最大化,这与养老服务的公益性质存在一定的冲突。因此,在 PPP 模式下,养老服务项目通常相较于纯私营养老机构可以提供更为亲民的收费标准。然而,这也带来另一个问题:如何在确保公共服务质量和可及性的同时,为社会资本提供足够的激励,使其愿意参与到这样的长期项目中来。

为了解决这一问题,政府不仅需要在公众需求和社会资本之间找到平衡点,

还需要在政策制定和实施过程中充分考虑双方的利益诉求。同时，政府需要建立严格的监管机制和绩效评估体系来确保项目的公益性质不受损害，社会资本的行为得到有效约束。总之，推动养老公共服务与 PPP 模式的对接是一项复杂而艰巨的任务，需要政府、社会资本以及社会各方共同努力。

四、养老服务内容单一、水平偏低

当前养老服务普遍面临定位不精准、服务内容单调以及服务水平有待提高等问题。虽然社区在集结和整合老年人需求信息方面具备得天独厚的优势，但往往并非直接提供服务的最佳主体。政府借助再就业项目和公益性岗位等形式，通过财政补贴为社区配置了养老服务人员，尽管此举在形式上拓宽了就业渠道并推动了养老服务的发展，但在实际操作中却暴露出一些问题，如服务人员年龄偏大、队伍不稳定、专业水平和服务质量均有所欠缺等。此外，服务内容局限于日常生活照料，如清洁和烹饪等，而在医疗保健、康复护理、文化娱乐以及精神慰藉等更高层次的需求方面则显得力不从心（钱亚仙，2014）。

与此同时，河南省的养老服务体系在不同地区间存在显著的发展不均衡现象，城乡之间的差距尤为明显。大型城市，特别是省会郑州市，在养老资源的配置上明显优于中小城市，而中小城市又相对优于广大的农村地区。在城市环境中，丰富的养老资源为养老服务体系的建设和深化提供了坚实的物质基础。然而，在农村地区，养老服务体系的根基相对薄弱，主要依赖于家庭养老和乡镇养老院。这导致老年人在生活照料、医疗保健和日常护理等方面面临诸多限制，加之地方政府财政支持的不足，满足农村老年人多元化养老需求的挑战更为严峻。因此，提升养老服务的整体质量和覆盖范围，特别是加强农村地区的养老服务体系建设，已成为当务之急。

五、多元化市场主体潜力未充分激发

在河南省的社会养老服务市场中，公办与民办养老服务机构并存，共同为老年人提供必要的服务。然而，这两种机构在市场准入、权益保障、社会地位、财政扶持、公信力、运营方式以及享受的优惠政策等方面存在着显著的不平衡。这

种差异导致了多元化市场主体，特别是民营养老服务机构未能充分发挥其应有的市场潜力。由于民营养老服务机构在诸多方面相较于公办机构处于劣势，其市场运营成本往往高出许多，这在一定程度上限制了其数量的增长，使市场上的养老服务机构总量难以满足日益增长的养老服务需求。

进一步调研发现，这种市场主体潜力的不充分激发，不仅体现在数量的不足上，也在于服务质量的参差不齐。服务人员的数量和素质直接决定了养老服务机构能否为老年人提供全面、专业的服务，而现状却是养老服务机构普遍面临服务人员短缺和专业化水平不高的问题，难以有效满足老年人多元化的服务需求。

因此，为了激发多元化市场主体的潜力，需要政府、市场和社会三方共同努力。政府应进一步完善相关政策，确保各类养老服务机构在公平的市场环境中竞争，同时加大对民营养老服务机构的扶持力度，降低其运营成本。市场本身也需要通过创新运营模式和提升服务质量来吸引更多投资。

六、PPP 模式公共服务项目的法律规范尚不健全

对于养老服务而言，完善的法律、政策及制度环境是其稳固的基石。政府承担着提供法律、政策和制度保障的重要责任，以确保养老服务的供需得以有序、顺畅地进行。在我国的法律体系中，《中华人民共和国宪法》《中华人民共和国劳动法》《中华人民共和国婚姻法》《老年人权益保障法》均对养老议题有所涉及，例如，《老年人权益保障法》第三条明确规定国家和社会在保障老年人权益方面的责任，旨在逐步改善老年人的生活、健康条件，并促进他们积极参与社会发展，实现"老有所养、老有所医、老有所为、老有所学、老有所乐"的目标，同时，该法的第十一条还强调赡养人对老年人的经济供养、生活照料和精神慰藉等义务。

尽管我国各级政府在推动 PPP 模式方面已经出台多项政策和规范意见，但这些政策大多基于国务院及相关部门的宏观决策和指导精神，侧重于引导和鼓励，而在具体操作层面的规范条例则相对匮乏。与 PPP 模式直接相关的法律法规主要包括《中华人民共和国政府采购法》《中华人民共和国预算法》以及2015 年颁布的《基础设施和公用事业特许经营管理办法》等。

　　然而，这些法律法规在针对 PPP 模式在公共服务项目方面的具体规定和立法规范上仍存在明显不足，这就会导致 PPP 项目各参与主体的权责划分不够明确，政府主体和社会资本主体在合作提供养老服务 PPP 模式时往往缺乏明确的法律依据。同时，对于 PPP 项目中可能出现的违法违规操作，现有法律法规也未能给出严格的界定和处罚措施，这使养老服务 PPP 模式的受众在法律保障方面存在严重缺失，对养老服务 PPP 模式的可持续发展和规范化运营造成严重影响。这种情况导致两方面的问题：一是养老服务供给不足，供需严重失衡；二是由于法律和政策的不明确，民间资本在投入时存在顾虑，使老龄产业有需求但市场难以形成，内容偏向宏观指导，普遍缺乏具体的实施细则和指导意义，这使政策层面和执行层面之间存在鸿沟，难以有效衔接。

　　为了推动 PPP 模式在养老服务领域的健康发展，政府需要尽快完善相关法律法规，明确各参与主体的权责划分，严格界定违法违规操作，并为受众群体提供充分的法律保障。另外，还应加强政策与法律的衔接，确保政策引导 PPP 模式发展，为其提供坚实的法律支撑。

第七章　发达国家老龄化应对与养老服务 PPP 模式经验借鉴

　　自 2006 年 12 月 17 日《中共中央　国务院关于全面加强人口和计划生育工作统筹解决人口问题的决定》首次提及"积极应对人口老龄化"以来，我国对于老龄化问题的重视日益凸显。这一理念在随后的《中华人民共和国国民经济和社会发展第十二个五年规划纲要》（以下简称"十二五"规划）以及党的十八大报告和十九大报告中均得到持续强调，凸显了人口老龄化在我国未来发展战略中的重要地位。面对这一深刻的社会变革，习近平总书记在 2015 年对老龄工作的重要指示中，进一步明确了我国的应对策略，指出有效应对老龄化是关乎国家全局与亿万民众福祉的重大议题，必须立足当前实际，同时放眼长远发展，通过加强顶层设计，完善各项重大政策和制度，确保应对及时、科学，更具综合性。

　　在这一背景下，借鉴西方发达国家随着人口老龄化逐渐发展深入所探索形成的成熟经验，变得尤为关键。这些经验几乎涵盖了老龄化社会的所有方面，从社会保障体系的完善、养老服务的创新，到社区建设、医疗卫生服务的提升等。因此，深入研究和借鉴这些经验，不仅对我国应对人口老龄化具有重要的理论指导意义，也能够为解决老龄化问题提供实证支持，在实践中更加有效地应对老龄化带来的挑战，为亿万老年人创造更加幸福安康的晚年生活。

第一节　发达国家老龄化应对策略分析

一、美国人口老龄化应对策略

美国政府针对人口老龄化问题采取了一系列综合措施，旨在全方位保障老年人的权益和提升其生活质量，同时推动经济社会的持续发展。为实现这一目标，政府制定了《社会保障法》《禁止歧视老年人就业法》等关键法律法规，为老年人构建了坚实的法律保障体系。此外，通过设立专门机构，如老人问题管理署、政府老龄问题顾问委员会和社会保障总署等，来专门负责处理与老龄化相关的各类问题。在社会保障方面，美国政府不仅提高了社会保障支出津贴，还修正了《禁止歧视老年人就业法》，取消了强制性退休的法律条文，禁止强制 70 岁以下的雇员退休。这些措施不仅增强了社会保障体系的效能，还鼓励老年人继续参与社会和经济活动，进一步充实了他们的晚年生活。通过这些措施，美国政府不仅展现了对老年人权益的尊重和关怀，也为其他国家应对人口老龄化问题提供了宝贵的经验和借鉴。

（1）建立完善的社会养老保障制度。美国政府在应对人口老龄化问题时，建立和完善了社会养老保障制度。与其他西方国家不同，美国实行的是投保资助型社会保障制度，即受益人同时也是缴费人。要享受社会保障权利，必须先缴费。为应对老龄化问题，美国政府在 1935 年通过了以养老保险为主要内容的《社会保障法》，并经过多次修改与完善，形成了比较完整的养老保障制度。这种养老保障制度包括养老保险制度、医疗保险与救助制度等，为老年人提供了基本的生活保障。在职时，老年人按月从本人工资中扣取一定数额的养老金，所在单位再配套一定比例，各州规定不尽相同。这种养老保障制度有效地保障了老年人的基本生活需求，为他们构筑了社会保障安全网。

（2）建立完善的老年人服务网络。美国政府在应对人口老龄化问题时，建立了完善的老年人服务网络。在卫生与公众服务部设立老龄局和 9 个区域性办公室，在州设立公共服务部负责老龄工作，在州及以下设立老龄代理机构，在社区设立老龄服务中心，形成了覆盖全国的老龄服务网络。这些老龄机构承担着游说国会制定相关法规、完善老年人保护服务政策和制度、制定和监督实施老年人保护与服务的规划、筹集和划拨老年服务经费、建立和完善老年服务设施等职能。同时，政府也积极发挥非政府组织的作用，大力支持非政府组织参与提供老年照料与服务。美国多数老年服务中心都是由政府支持下的非政府组织承办。这些服务中心通过多种方式为老年人提供各种服务，包括上门送餐、清洁和代理服务、集中照料、医疗护理、精神与心理辅导、老年就业指导与培训等。

（3）联邦政府财政大力投入。美国政府在应对人口老龄化问题时，注重加大财政投入力度，为社会养老保障制度和老年人服务网络的建立和完善提供了重要的资金支持。美国政府主张将大部分财政预算盈余投入社会保障事业中，表明了政府对老龄化问题的重视和积极应对的态度。在政府支出中，用于社会保障和老年服务的投入占有较高的比例。以 2017 年美国财政开支为例，用于社会保障的资金占 21.5%，医疗保险和医疗救助的资金占 19.1%，两项合计占到财政支出的 40% 以上。这些数据表明，美国政府在社会保障和老年服务方面的投入较大，为老年人提供了较好的生活保障和服务。此外，有关数据显示，养老保险的开支数额占美国社会保障总开支的 80% 左右，是社会保障开支中最大的一个项目①。这表明美国政府在养老保险方面的投入非常大，为老年人提供了更好的养老保障。

（4）大力提供老年服务与照料，促进老年人身心健康。美国政府在应对人口老龄化问题时，注重提供老年服务和照料，促进老年人的身心健康。政府采取了多种措施，包括提供居家生活服务、建立完善的医疗护理服务、推行医疗高效诊治计划、完善后续医疗护理服务、建立康复中心或者提供上门治疗等。这些措施旨在为老年人提供更好的生活保障和服务，帮助他们保持身心健康。在提供居家生活服务方面，美国联邦政府和州政府建立了比较完善的社会保障体系，并派遣护理人员到老年人家中协助完成日常事务和有益身心健康的活动。这样可以减

---

① 资料来源于 Wind 数据库。

少老年人的生活困难，提高他们的生活质量。此外，为了节约医疗资源，美国推行医疗高效诊治计划，为生病老年人提供高效的医疗服务。政府还建立康复中心或者提供上门治疗，为患慢性疾病的老年人提供治疗和关怀服务，对于经济困难的老年人，政府提供医疗救助，确保他们能够获得必要的医疗服务。

二、德国人口老龄化应对策略

德国正面临着日益严峻的老龄化危机，老龄化趋势不断加剧，劳动力供应日趋紧张，经济增长逐渐放缓，社会保障压力持续增大。为了有效应对这些挑战，德国政府已经构建了一个全面覆盖的老年人服务网络。这一网络由各级政府机构与非政府组织紧密合作，为老年人提供从生活照料到精神慰藉的全方位服务。这一创新举措不仅显著提升了老年人的生活质量，确保他们在生活的各个领域都能获得及时而有效的支持与保护，而且也为德国的经济和社会发展注入了新的活力。老年人得以安享晚年，而社会也因此受益，实现了代际和谐与社会进步的双赢。德国政府的这一做法，不仅展现了其对老年人的深切关怀，也为其他国家提供了宝贵的经验和启示。主要体现在以下三个方面：

（1）实施鼓励生育的家庭福利政策。德国政府一直致力于鼓励生育，以应对老龄化危机和劳动力短缺问题。为此，它们实施了一系列家庭福利政策，旨在创造更有利于家庭发展的环境。尽管养育孩子成本高昂、对自由的担忧以及事业上的影响成为许多德国人不愿意生育的主要原因，但政府仍在努力消除这些障碍。

例如，德国政府通过提供"儿童金"政策，为有子女的家庭提供了经济支持，减轻了他们的经济压力。减税、减免房租等措施也进一步促进了家庭的经济稳定。自 2007 年起，德国引入"父母金"政策，给予新生儿父母中的一方长达 12 个月的带薪假期，为家庭提供更多照顾孩子的时间。如果申请这个假期的是母亲，那么父亲还可以额外获得两个月的"陪产假"。这一政策不仅有助于平衡工作与家庭的关系，还确保了新生儿得到充分的照顾。为了进一步支持家庭，德国政府于 2015 年将"父母金"政策中的带薪假期延长至 24 个月，为那些选择半职工作的父母提供了更多的灵活性。此外，2013 年，德国还通过立法将孩子享受入托权利的年龄提前到 1 周岁，解决了"入托难"的问题，为家长提供了更多的选择和便利。同时，政府每月向在家照看 1 岁以上幼儿的家长发放 100 欧元，以减轻他们的负担。这些鼓励生育的家庭福利政策已经取得了一定的成效。德国妇女的生育率已经从 2005 年的 1.36 上升到目前的 1.4 以上，表明这些政策在一定程度上激发了人们的生育意愿。

（2）积极改革养老保险制度。为应对老龄化危机和养老保险制度的挑战，德国政府采取了一系列措施。首先，他们逐步提高退休年龄，从原来的 65 岁增至 67 岁，以减轻养老保险制度的负担并确保未来的养老金支付能力。其次，德国对传统养老金计发方式进行了改革，从原先的"最后一个月工资"制度转变为综合考虑个人收入水平和缴费年限的新方式，旨在实现更公平和可持续的养老金分配。此外，为了增加养老保险制度的资金来源，德国政府决定逐步提高养老保险费率，要求个人和雇主缴纳更多费用。同时，他们致力于扩大养老保险的覆盖范围，将非正式工人、自由职业者等更多群体纳入其中，以增强制度的稳定性和可持续性。在投资运营方面，德国政府加强了养老保险基金的管理和投资，设立了专业机构负责基金运作，并通过立法规范投资行为，以降低风险并提高投资回报。这些举措确保了养老保险基金的稳健发展，为未来养老金的支付提供了坚实的保障。这些措施体现了德国政府在应对老龄化挑战和促进养老保险制度可持续发展方面的决心和努力。通过综合施策，德国旨在确保养老保险制度的长期稳定和可持续发展，为老年人提供可靠的养老保障。

（3）促进老年痴呆症患者的社会参与。德国政府深刻认识到老年痴呆症患者需要特殊的支持服务来更好地融入社会。因此，它们推出了一系列全面而细致的服务措施。在机构支持方面，德国政府设立了日间照料中心、护理中心和康复中心等机构，为老年痴呆症患者提供必要的日常照顾、康复训练和认知刺激活动服务。这些服务旨在帮助患者保持身心健康，提升他们的生活质量。与此同时，德国政府高度重视社区的作用，鼓励社区积极参与老年痴呆症患者的关怀工作。他们设立了社区活动中心，为患者提供各种兴趣活动，如音乐疗法、绘画和手工艺等，以促进患者的社交互动和认知锻炼。此外，社区志愿者也积极组织各类活动，让患者能够与邻居建立联系，增强他们的社区归属感。对于那些仍有工作意愿的患者，德国政府提供了职业康复计划的支持。这些计划旨在帮助患者逐步恢复工作能力，并提供必要的培训和指导。通过这些计划，许多患者成功重返职场，增强了自尊心和自信心。此外，德国政府还致力于提高公众对老年痴呆症的认识和理解。他们利用媒体宣传、教育培训和社区活动等多种渠道，以减少对这类患者的歧视和误解，增强社会的包容性。综上所述，德国政府通过提供全面的机构支持、加强社区参与、促进职业康复和提高公众意识等多种方式，为老年痴呆症患者创造了一个更加友好和支持性的社会环境。

三、日本人口老龄化应对策略

老龄化是日本长期以来所面对的重大挑战。自 1950 年以来，日本 65 岁以上的老年人口占比呈现持续攀升，2022 年已高达 29.1%，仅次于摩纳哥，位居世界第二。更令人担忧的是，75 岁及以上的人口首次突破了 15% 的关口，并预计到 2040 年进一步攀升至 35.3%。与此同时，日本人口的中位年龄高达 48.7 岁，远超世界平均的 30.2 岁。这种日益加剧的人口老龄化和低出生率趋势，给日本社会带来了沉重的压力。《2022 年老龄社会白皮书》指出，到 2025 年，日本战后婴儿潮的最年青一代也将迈入 75 岁的行列。[①] 2025~2040 年，处于 20~64 岁工作年龄段的人口预计将锐减约 1000 万，其潜在影响被形容为如同海啸般的冲击。统计数据更是触目惊心：2022 年，日本的出生率再创新低，出生人数跌破80 万；而死亡人数则攀升至 158.2 万，达到历史峰值。[②] 面对这一严峻的人口结构问题，日本需要采取切实有效的措施来应对，以确保社会的可持续发展和国家的未来。

（1）打造养老保障制度的三大支柱。日本的养老保障制度也被称为"年金制度"，主要由三大支柱构成：公共养老保险体系、企业年金和个人储蓄养老金。第一支柱是公共养老保险体系，包括国民年金和厚生年金。这一体系基于代际互助机制，并对所有 20~59 岁的居民实施强制性全覆盖。农民和个体户在 2022 年

---

① 日本内阁府：《2022 年老龄社会白皮书》，（https：//www8. cao. go. jp/kourei/whitepaper/index - w. html）。

② 日本厚生劳动省：《人口动态统计速报值》，2023 年，（https：//www. mhlw. go. jp/toukei/saikin/ hw/jinkou/kakutei22/index. html）。

4月至 2023 年 3 月的月缴额为 16590 日元，其中一半由国家承担；企业职工则需缴纳月薪的 18.3%，其中企业和个人各承担一半。第二支柱是企业年金，主要包括确定缴费型企业年金（DC）、确定给付型企业年金（DB）和现金余额型养老金（CB）。这种养老金计划主要面向在职员工，类似于延迟工资，由企业直接从工资中扣除，并在员工退休时一次性返还。第三支柱则包括个人定额缴费养老金（iDeCo）计划和个人储蓄账户（NISA）两种模式。其中，iDeCo 的缴款截止年龄为 65 岁，而 NISA 则适用于 20 岁以上的日本居民。NISA 具有税收优惠，可以免除 20% 的资本利得收入和五年内每年投资不超过 100 万日元的股息征税。从 2014 年开始，最多可通过 NISA 进行 10 年的免税投资，累计投资额上限为 500 万日元。综上所述，日本的养老保障制度通过公共养老保险体系、企业养老金和个人储蓄养老金三大支柱，为老年人提供了全面的养老保障。

（2）为老龄人口营造健康生活。为了支持老龄人口的健康生活，日本在快速的城市化进程中采取了一系列措施。首先，日本政府积极推动老年人再就业，旨在让他们保持身心健康。在 2015 年提出的"智慧白金社会"倡议和"社会 5.0"未来愿景中，鼓励老年人过丰富多彩的"百岁生活"，并继续为社会做出贡献。其次，为了满足人口老龄化对城市建设的需求，日本重新规划了基础设施。例如，将部分学校转型为老年人护理设施，重新设计社区设施以适应多代人的聚会和紧急情况下的救灾需求。此外，通过翻新空置住房，吸引年轻学生和艺术家参与社区更新，为区域发展注入新活力。最后，为了提升城市的步行环境，日本对公共交通设施进行了智能化改造，确保老年人能够轻松享受城市的无障碍出行。为落实国家土地和交通政策，日本国土交通省在各个方面推行了老龄友好和无障碍设计原则，包括人行横道、公共建筑和交通系统等。《关于促进高龄者、残疾人等的移动无障碍化的法律》（以下简称《无障碍新法》）更是将新建和现有建筑、公共交通运营商和设施的无障碍原则统一纳入法律框架，确保所有老年人都能享受到便利和舒适的生活环境。

（3）改革以"安全性"为重点。日本计划在 2024 年 12 月 1 日实施对确定缴费型企业年金（DC）的改革。改革的主要内容包括提高 DC 的分项限额，以及放宽对员工参与个人定额缴费养老金（IdeCo）的限制。自 2001 年以来，日本的雇主提供的养老金安排已逐渐从确定给付型企业年金（DB）转变为 DC 或两者的组合。据日媒报道，厚生劳动省理事会已开始审议定于 2025 年推进的日本养老金制度改革，其中"安全性"是改革的核心考量因素。随着领取养老金的老人数量增加和劳动年龄人口的减少，日本政府致力于确保养老金替代率维持在 50% 以上。为此，他们提出了四种方案：①将支付养老金的年龄从 60 岁延长至 64 岁，并在 65 岁之前不可领取。②将部分福利养老金资源纳入国民年金计划。③扩大企业年金制度的覆盖范围，包括短时工，以增加福利金额。④考虑将国民年金制度中领取基本养老金所需的注册期从 40 年延长至 45 年，或将国民年金的缴款支付期限从 40~59 岁改为 45~64 岁。针对人口老龄化的现状，日本政府正深入挖掘老年人的劳动潜力，并试图通过"长寿经济"来应对。同时，他们正努力将老年人的生活与城市规划和数字化发展相结合，并以"安全性"为原则，采取多项措施避免养老金资金池的亏空，旨在保障老年人口享有较高质量的生活。

四、新加坡人口老龄化应对策略

随着人口老龄化趋势的加剧，新加坡正面临着前所未有的挑战。这一趋势不仅给社会带来了沉重的经济负担，也对社会福利、医疗保健和劳动力市场等多个领域产生了深远的影响。然而，新加坡政府展现出了高度的责任感和前瞻性，通过采取积极措施，老年人的生活质量得到了显著提高，社会福利体系更加完善，医疗保健水平不断提升，劳动力市场保持了稳定。这些成果不仅展示了新加坡政府的智慧和决心，也为其他国家提供了宝贵的经验和借鉴。

（1）新加坡政府推行社区照顾模式。新加坡政府针对人口老龄化采取了一系列有效措施。首先，它们推行社区照顾模式，通过设立老年人活动中心、日间护理中心和实施辅助生活设施，为老年人提供全方位的日常照顾、医疗保健和社交活动服务。这种模式不仅有助于保持老年人的独立性和生活质量，也减轻了家庭和社会的负担。此外，新加坡政府特别关注老年人的健康保健。它们加强公共卫生宣传和教育，提高老年人的健康意识和自我保健能力。同时，政府还建立了全面的医疗保险制度，确保老年人能够享受到优质且负担得起的医疗服务。这些措施共同提升了老年人的健康水平和生活质量。不仅如此，新加坡政府还利用先进的科技手段，如建立健康数据库和电子医疗系统，以更有效地管理和监测老年人的健康状况。这些创新举措体现了新加坡政府在应对人口老龄化挑战时的前瞻性和高效性。

（2）推动退休保障制度改革。新加坡政府在积极应对人口老龄化时，采取了多种措施推动退休保障制度的全面改革。首先，它们深刻认识到单一退休保障制度的局限性，因此着手建立了多层次的退休保障体系。这一体系涵盖了个人储蓄计划、企业年金计划和公共养老金计划等多个层面，确保不同收入水平和风险偏好的老年人都能获得相应的经济支持。这一措施不仅满足了多元化需求，也提高了整体保障水平。为确保中央公积金制度的长期可持续发展，新加坡政府采取了一系列有力措施。它们逐步提高公积金的缴纳比例，这有助于增加资金池的规模，为未来的退休保障提供更多的资金支持。同时，政府还积极优化公积金的投资策略，寻求更高的投资收益率，确保资金能够保值增值。此外，政府还建立了严格的监管机制，加强对公积金运营机构的监督和管理，确保资金的安全性和透明度。其次，新加坡政府还积极鼓励个人提前规划养老储备。它们通过公共宣传和教育活动，提高公民对养老问题的认识和重视程度。同时，政府还推出一系列优惠政策，如税收减免和财政补贴，以激励个人提前储蓄和投资。此外，政府还与金融机构紧密合作，开发适合个人需求的养老储蓄产品，为公民提供便捷的储蓄和投资渠道。这些措施共同增强了新加坡退休保障制度的稳健性和可持续性，不仅为老年人提供了更加可靠的经济保障，也促进了整个社会的养老保障体系建设。通过这些改革措施，新加坡政府正努力构建一个更加完善、可持续的退休保障体系，以应对人口老龄化带来的挑战。

（3）优化退休保障法规及公民养老意识。新加坡政府在保障退休制度的公平性和可持续性方面不遗余力。它们不仅设立了严格的资格审查机制，确保资源能够精准地流向切实需要的老年人群体，也加强了对养老保障运营机构的监管，保证资金的安全和合规使用。这种双重的监管和审查机制，确保了退休保障制度的稳健运行。为提升公众对养老问题的认知，新加坡政府积极开展公共宣传教育活动。它们利用媒体、社交平台和教育机构等多种渠道，广泛传播养老知识和相关政策。此外，政府还组织各类公益活动和讲座，鼓励家庭和个人积极参与养老规划和储备的讨论与实践。这些举措不仅增强了公民的养老意识，也培养了良好的养老习惯，为整个社会构建了积极向上的养老氛围。

第二节　养老服务 PPP 模式在发达国家的实践

一、美国养老服务 PPP 模式的实践经验

作为世界上最发达的国家之一，美国积极利用其发达的市场化机制来推动养老事业的改革。在此过程中，公私合作模式（PPP）作为一种重要的策略被广泛应用。美国在各领域中运用 PPP 模式的经验相对丰富且成熟，这种模式有效地结合了政府和市场力量，共同促进了养老事业的发展。具体来说，这种结合体现在以下五个方面：

（1）美国政府通过引进 PPP 模式，成功地吸引了大量社会投资者参与养老事业的建设和运营。这些社会投资者包括私人投资者或团体，他们通过不同的投资主体和份额划分，与政府共同推进养老事业的发展。根据不同的投资主体和份额，美国通过 PPP 模式促进养老事业的类型主要有三种：一是完全由社会投资者组织投资，公共部门仅负责运营管理；二是由政府、私人、社会团体三方共同出资，项目的运营管理主要由私人或团体负责；三是政府部门作为投资主体，社会投资者则利用自己的技术和资源进行运营管理。

（2）美国政府在 PPP 模式的应用中表现出强烈的主导性，其职责界定清晰明确。在财政方面，政府采取大幅度的优惠政策，并提供财政补贴，以支持 PPP 模式在养老事业领域的应用。在法律方面，政府建立了完善的法律体系，为 PPP 模式提供了坚实的法律保障。这种整体环境有利于 PPP 模式的运用与实践，进一步吸引了社会力量的广泛参与。此外，美国在各级政府层面设立了专门处理老龄化事业中设计和运营问题的部门，并建立了完善的养老金制度，以吸引民间资本的进入。美国的养老金制度体系包括政府养老、企业单位养老和个人负担养老

三个层次。政府还要求相关部门严格贯彻落实相关制度，对养老项目的日常运营进行监管和检查，以确保项目的规范运营并提高管理水平。

（3）美国注重提升养老服务的质量和效率。由于社会投资者的参与，市场竞争机制被引入养老服务领域，使养老服务机构需要更加注重提升服务质量以增强自身竞争力。同时，PPP 模式也促进了养老服务的创新和发展，推动了养老事业的进步。例如，一些 PPP 养老项目不仅提供基本的养老服务，还引入了医疗、康复、娱乐等多元化服务内容，以满足老年人多样化的需求。

（4）美国在养老事业的发展中切实加强了政府和行业的监管力度。为保障老年人的医疗和救助权益，美国完善了相关的法律法规体系。自 1965 年美国颁布《美国老年人法》以来，美国相继出台了多项法律法规，如《多目标老人中心方案》等，以确保老年人能够享受到全面的医疗救助和机构养老服务。同时，美国建立了完善的行政管理体系，将地区性的老龄事业进行单独规划和统一管理，各级政府均设有专门的老龄事业管理部门。此外，美国还实行严格的养老事业监管和检查制度，对养老机构的设立条件、服务质量等方面都有非常严格的要求，并施加严格的监管力度以确保养老机构的高效运营和盈利性。

（5）美国充分激发社会力量的参与热情，为养老机构开辟了多元化的融资渠道。在政府的主导下，市场化机制的高度引入使美国养老事业的发展具有鲜明的特色。一方面，老龄企业快速发展壮大，它们具备优秀的管理能力和运营技术，通过高效的市场化运营大大提高了养老服务的供给效率和服务水平；另一方面，发达的金融市场为养老机构提供了多元化的融资渠道选择。此外，完善的咨询服务体系也为美国养老事业的发展提供了重要的服务支持。这些举措共同促进了美国养老事业的蓬勃发展并满足了老年人日益增长的美好生活需要。

二、日本养老服务 PPP 模式的实践经验

日本的养老服务 PPP 模式是指政府与私营部门（如企业、非营利组织等）在养老服务领域建立的一种合作关系。在这种模式下，政府提供政策支持和法律保障，私营部门则负责提供具体的养老服务，双方共同承担风险并分享收益。这种 PPP 模式的核心在于公私双方的紧密合作和优势互补。政府通过引入

私营部门的资金、技术和管理经验，提高养老服务的供给效率和质量，同时减轻财政负担。私营部门则能够借助政府的政策支持和市场资源，拓展业务领域并获得合理回报。总的来讲，日本养老服务 PPP 模式呈现出以下五个特点：

（1）大力促进养老服务的多元供给。为了满足不同老年人的个性化需求，日本的养老服务 PPP 模式鼓励私营部门提供多元化的服务供给。这包括居家养老、社区养老、机构养老等多种形式以及各种特色的养老服务项目。这种多元化的服务供给促使老年人可以根据自己的需求和偏好选择合适的养老方式，提高了他们的满意度和幸福感。

（2）强调政府的引导和监管作用。在日本的养老服务 PPP 模式中，政府不仅作为合作方参与项目，也还扮演着引导和监管的重要角色。政府通过制定政策、规划和服务标准，引导私营部门提供符合老年人需求的养老服务。同时，政府也负责对私营部门的服务质量进行监管和评估，确保服务的专业性和可靠性。这种政府的引导和监管作用有助于提升养老服务 PPP 项目的整体质量和效益。

（3）注重老年人的参与和反馈。日本的养老服务 PPP 模式非常注重老年人的参与和反馈。在项目规划和实施过程中，政府会积极听取老年人的意见和建议，确保服务能够满足他们的实际需求。同时，私营部门也会通过问卷调查、座谈会等方式收集老年人的反馈，及时改进和优化服务。这种以老年人为中心的服务理念有助于提升他们的满意度和幸福感。

（4）大力推动医养结合发展。在日本，医养结合是养老服务 PPP 模式的一个重要发展方向。政府鼓励私营部门与医疗机构建立合作关系，共同为老年人提供医疗和养老服务。这种医养结合的模式有助于满足老年人在养老过程中的医疗需求，提高他们的生活质量和健康状况。同时，医养结合也有助于提升养老服务 PPP 项目的整体效益和可持续性。

（5）注重服务的连续性和协调性。日本的养老服务 PPP 模式强调服务的连续性和协调性。政府会制定长期规划，确保养老服务 PPP 项目能够持续稳定地运营。同时，政府也会协调不同部门和服务提供商之间的合作关系，确保服务的顺畅衔接和高效运行。这种注重服务连续性和协调性的理念有助于提升养老服务 PPP 项目的整体效果和老年人满意度。

三、新加坡养老服务 PPP 模式的实践经验

新加坡自 2000 年步入老龄化社会以来，老年人口比例迅速攀升。从 1990 年的 8.4% 攀升到 2000 年的 10.6%，再到 2010 年的 16%①，虽然这一增长速度相较于美国起步较晚，但却展现出了惊人的增速。如今，新加坡同样面临着严峻的老龄化挑战。为了有效应对人口老龄化进程将进一步加速。这一趋势并保障老年人的福祉，新加坡政府高度重视并致力于推动机构养老的多元化发展。为此，政府颁布了一系列富有成效的政策措施，并在实践中积累了丰富的经验。在新加坡的养老服务体系中，家庭养老和社区养老占据主导地位，而机构养老则作为重要的补充。这三种模式各具特色、优势互补，共同为新加坡养老事业的健康发展贡献力量。通过这种多元化的养老模式，新加坡努力实现了老有所养的目标，为老年人提供了全方位、多层次的养老服务。2005 年，新加坡开始在各领域运用并发展养老服务 PPP 模式。新加坡由中央公积金（CPF）负责兜底公民的教育、住房、养老和医疗等需求，由财政部负责 PPP 模式的运转，并针对养老领域的PPP 模式成立专门的项目小组。

（1）从社会层面来看，新加坡积极引入了社会力量参与养老事业的建设与发展。例如，委托专业社会组织和机构来运营管理那些由政府发起的养老项目，使公共部门和私营部门各司其职，分工合作，充分发挥自身优势，极大地提高了项目管理效率和水平，更好地满足社会对各层次养老服务的需求。另外，在政府的鼓励与支持下，非政府组织的社会力量以及社会志愿组织也积极地参与到养老事业的建设中，这些广泛的社会力量都极大促进了新加坡养老事业的发展。

（2）从政府层面来看，在推动 PPP 模式养老机构的建设过程中，政府占据主导地位，这主要体现在成立了专门综合管理 PPP 模式养老事业发展的项目小组。一方面，针对老年人这个特殊人群可能面临的各种问题，政府成立了人口老龄化跨部门委员会，该部门分为经济保障、健康护理、就业、社会和谐、住房以及就业等小组，专门解决老年人面临的复杂问题，综合管控老年群体生活风险；

---

① 资料来源于新加坡政府机构网站（https：//www.singstat.gov.sg/）。

另一方面，成立了"家庭和老年理事会"，国会制定了"养老院管理法案"，借以更好地规范养老项目的建设和管理。

（3）从制度层面来看，政府不断建立健全相关法律及制度体系，保障 PPP 项目顺利运转。一是为了给相关养老项目提供可遵循的规范条例，新加坡政府制定了具有针对性的法律法规。二是政府设计了多层次的优惠方案，从资金上给予引进 PPP 模式的养老项目一定的财政补贴，实行"双倍退税"政策，以此鼓励社会投资者积极参与养老事业的建设与发展。三是政府严格监管养老行业的运作，从制度层面严格规定，设立严格统一的准入标准，制定并实施《老人院法令》，该法令明确规定养老机构和服务对象各自的权利义务并且设立严格的惩罚机制，从法律层面保护双方的合法权益，实现相关养老项目的规范运作。

四、英国养老服务 PPP 模式的实践经验

英国的养老服务 PPP 模式是一种创新性的养老服务模式，它通过公私合作的方式，将公共部门与私营部门的资源和优势有效结合，共同为老年人提供高质量、高效率的养老服务。在这种模式下，政府不再是单一的服务提供者，而是与私营部门建立紧密的合作关系，共同规划、建设和运营养老服务项目。

（1）政府与私营部门紧密合作，实现优势互补。在英国的养老服务 PPP 模式中，政府与私营部门的合作是核心。这种合作超越了传统的政府购买服务模式，它将私营部门的灵活性、创新力和效率引入公共服务领域。私营部门可能包括养老服务机构、医疗保健公司、房地产开发商等，它们各自拥有不同的专业优势和资源。通过与政府的紧密合作，这些私营部门能够充分发挥其专业优势，为养老服务项目提供高质量的服务和解决方案。同时，政府作为公共利益的代表，拥有政策制定和监管的职能。在 PPP 模式中，政府负责制定养老服务的政策和标准，对私营部门的服务进行监管和评估，以确保服务的质量和效率达到要求。这种合作模式实现了政府与私营部门的优势互补，共同为老年人提供更好的养老服务。

（2）建立风险共担与利益共享机制，实现共赢发展。在 PPP 模式中，风险共担和利益共享是重要的原则。这意味着政府和私营部门在项目中共同承担各种

风险，如建设风险、运营风险、市场风险和政策风险等。通过风险共担，可以降低单一部门承担风险的压力，提高项目的整体抗风险能力。同时，利益共享也激励了私营部门积极参与养老服务领域，通过合作获得合理的经济回报。这种风险共担和利益共享的机制有助于建立长期稳定的合作关系。在养老服务领域，长期合作对于确保服务的连续性和稳定性至关重要。通过 PPP 模式，政府和私营部门可以共同应对市场变化和政策调整带来的挑战，实现共赢发展。

（3）注重服务质量和效率的提升，满足老年人多样化需求。在英国的养老服务 PPP 模式中，提升服务质量和效率是核心目标之一。私营部门通常具有更强的市场竞争力和创新能力，因此它们的参与能够推动养老服务质量和效率的提升。政府通过设定明确的服务质量标准和定期评估机制，对私营部门的服务进行监管和激励，确保老年人能够享受到高质量、高效率的养老服务。同时，PPP 模式也注重满足老年人多样化需求。随着人口老龄化的加剧和老年人需求的多样化，传统的养老服务模式已经难以满足需求。通过 PPP 模式，政府和私营部门可以共同开发和创新养老服务产品和项目，满足老年人不同层次、不同类型的需求。

（4）强调政策支持和法律保障，创造良好市场环境。英国政府对 PPP 模式给予一定的政策支持，如提供财政补贴、税收优惠等，以鼓励私营部门积极参与养老服务领域。这些政策支持有助于降低私营部门的投资风险和成本，提高其参与养老服务项目的积极性和可持续性。同时，完善的法律法规体系也为 PPP 模式的顺利实施提供了法律保障。英国政府通过制定相关法律法规和政策文件，明确了 PPP 模式的合作框架、权责关系、风险分配和利益共享等关键要素。这些法律法规和政策文件为 PPP 项目的顺利实施提供了法律支持和保障，有助于创造一个公平、透明和可预测的市场环境。

（5）注重社会效益和公共利益的最大化。在英国的养老服务 PPP 模式中，政府始终注重社会效益和公共利益的最大化。这意味着在合作过程中，政府会优先考虑如何满足老年人的养老需求、提高他们的生活质量和社会福祉，而不仅仅是追求经济效益。政府通过与私营部门的合作，共同为老年人提供更好的养老服务环境和条件，推动养老服务事业的可持续发展。同时，这种以社会效益为导向的合作理念也有助于提升私营部门的社会责任感和公民意识。在 PPP 模式中，私营部门不仅是追求经济利益的商业组织，也是承担社会责任、参与社会公益事业的合作伙伴。通过与政府的合作，私营部门可以更好地履行其社会责任和义务，为社会的和谐稳定和可持续发展做出贡献。

第三节　对河南省应对人口老龄化与构建养老服务 PPP 模式的启示

河南省作为我国的人口大省，老龄化问题日益凸显，养老服务需求持续增长。面对这一挑战，发达国家在养老服务 PPP 模式上的成功经验和老龄化应对策略，给河南省提供了重要的启示和借鉴。

一、灵活调整退休年龄制度，适应地方经济与社会发展

自 1950 年我国首次实施退休人员管理办法以来，退休年龄制度在随后的几十年里经历了有限的调整。1983 年和 1990 年的微调主要是为了应对人口预期寿命的延长和劳动力市场的变化，但这些调整并未从根本上改变退休年龄的结构。然而，考虑到河南省的经济发展水平、产业结构及劳动力市场特点，应灵活调整退休年龄制度。对于经济发达、人口老龄化严重的地区或对技术和经验要求较高的行业，可以考虑实施梯度式退休年龄制度，鼓励老年人延迟退休或再就业。而对于劳动强度较大的行业，可以探索基于工龄的弹性退休制度，为劳动者提供更多的选择空间。总之，退休年龄制度的改革需要充分考虑地区和行业的差异，逐步推进改革进程。同时，需要加强社会养老保障制度的建设和完善，为老年人提供更好的生活保障和医疗服务。只有这样，政府、社会、公众才能更好地应对人口老龄化的挑战，实现社会的可持续发展。

二、改革与完善养老保障体系，推广企业年金制度

当前我国基本养老保险面临两大核心问题：一是保障水平相对较低，特别是

对于农村老人而言，难以从根本上解决他们的养老问题；二是全国实施的"统一标准"与经济发达地区的实际需求存在明显差距，导致"城乡居民基本养老保险"在这些地区的保障效果有限。为解决这些问题，可以借鉴国外经验，构建一个更加公平和全面的社会养老保障体系。这一体系应以社会救助和社会福利为基础，着重加强基本养老、基本医疗和最低生活保障制度。特别是针对农村地区，需要重视其基本养老保障制度的建立和完善。针对河南省农村地区养老保障水平较低的问题，应加大财政投入，提高农村基本养老保险的保障水平。同时，考虑到经济发达地区的实际需求与城乡差距，应设定差异化的缴费和待遇标准，逐步完善城乡居民基本养老保险制度。此外，应积极推动企业年金制度的发展，通过制定相关法律法规、明确政策支持和监管责任，鼓励更多企业建立年金计划，提高员工的养老保障水平。同时，还需要加强与企业年金投资管理相关的配套立法，发挥政府的引导和管理作用，拓宽投资渠道、降低风险并提高收益率，以吸引更多有实力的企业参与，从而逐步提高企业年金制度的参与率和覆盖面。

三、因地制宜发展多元化养老模式，强化社区养老服务功能

人口老龄化、家庭结构转变、人口迁移和流动等多重因素，使传统的家庭养老模式面临挑战。目前我国正处于养老模式转型的关键阶段，家庭养老功能逐渐减弱，居家式的社区养老模式逐渐兴起。考虑到传统养老观念和社会经济发展水平，河南省应结合本地实际，构建多元化的养老模式。在城市地区，重点发展居家式社区养老模式，加强社区养老服务设施建设和提升服务能力。在农村地区，推广互助式养老和家庭养老相结合的方式，发挥家庭和社会的互补作用。同时，应关注特殊家庭如"失独家庭""421家庭"的养老需求，提供针对性的政策支持和社会关爱。此外，有条件的城市和地区可借鉴国外"以房养老"模式，将其进行本土化改造后而加以推广。

四、发展"银发"产业，促进养老服务产业化发展

为了实现老年产业的持续发展，需要做到"两个结合"，即理论研究与实际应用的结合以及政府、企业和社会力量的结合。目前，老年产业的理论研究相对

滞后，这在一定程度上限制了产业的创新和发展。因此，加强理论研究成为当务之急，需要将其与政府决策、企业产品开发和市场培育紧密结合。在理论研究方面，应深入挖掘老年人的需求、消费心理和消费行为，全面了解老年产业的特征、市场规模和基本规律以及老龄化对市场体系的影响。这些研究成果将为政府制定更加科学的决策提供理论支撑，同时也为企业提供市场开发和产品创新的指导。在实际应用方面，可以借鉴国外的成功经验，尤其是日本围绕居家式社区养老发展老年产业的做法。结合河南省实际养老情况，以满足老年人的物质和精神文化需求为核心，充分发挥政府和企业的作用。政府应制定养老服务行业标准，推进公办示范性养老机构的建设，提高补助标准，并提供优惠政策，鼓励社会力量兴办养老机构。同时，企业也应积极参与，开发出符合老年人需求、贴近其特点的产品，比如养老入户服务、护理及老年用品等。此外，应注重城市和农村社区的联动发展。以城市社区为依托，建设综合性的居家养老服务中心和服务站，为居家老人提供全方位的服务。同时，积极向农村社区推广这些服务，形成联动效应，不断扩大养老入户服务的覆盖范围。这将有助于缩小城乡差距，实现养老服务的均衡发展。总之，通过加强理论研究、政府引导、企业参与和社会力量的支持，大力发展"银龄"产业，为老年人创造一个"老有所养、病有所医、老有颐养"的优质生活环境。

五、借鉴 PPP 模式经验，推动养老服务领域政府与市场合作

在养老服务领域引入 PPP 模式，有助于解决河南省面临的养老服务供给不足和效率不高等问题。通过强化政府引导与市场机制的有效结合，建立长期稳定的合作关系与灵活适应的动态调整机制，可以吸引更多的私营部门参与养老服务 PPP 项目。同时，老年人的参与对于提升养老服务的质量和满意度至关重要。政府应建立多种反馈渠道，鼓励老年人表达其对服务的意见和建议。这不仅有助于及时发现和改进服务中的问题，还能增强老年人的获得感和幸福感。为了保障项目的公开、透明和高效运行，政府还应加强社会监督力度，可以邀请第三方机构对 PPP 项目进行定期评估和审计，确保项目的质量和效益。通过媒体、公众等多种渠道加强项目信息的披露和传播，使项目接受社会的广泛监督。此外，随着

科技的快速发展，智慧养老已成为养老服务发展的新趋势。政府应大力鼓励私营部门运用互联网、物联网、大数据等先进技术，创新养老服务模式和内容。通过搭建智慧养老平台，实现服务资源的整合和优化配置，提高服务效率和质量。同时，智慧养老还能降低运营成本，为老年人提供更加便捷、舒适的养老服务体验。政府在此过程中应发挥引导和支持作用，加大对智慧养老相关技术研发和创新的投入力度，推动养老服务行业的转型升级和可持续发展。

与此同时，从业人员是养老服务 PPP 模式的核心力量，他们的素质和能力直接影响到服务的质量和效果。因此，政府应高度重视从业人员的培训和教育工作。通过定期的培训、考核和激励机制，提升从业人员的专业素质和服务能力。同时，政府还应加强与高校、研究机构等的合作与交流，共同培养更多具备专业知识和实践经验的养老服务人才。这不仅有助于提升养老服务 PPP 项目的整体运营水平，还能为项目的持续发展提供有力的人才保障。

综上所述，河南省在应对人口老龄化与养老服务 PPP 模式方面可以借鉴国内外的成功经验并结合本地实际情况进行创新和发展。通过灵活调整退休年龄制度、改革与完善养老保障体系、因地制宜发展多元化养老模式、发展"银发"产业以及借鉴 PPP 模式经验等措施，共同推动河南省养老服务事业的蓬勃发展，以满足老年人的多样化需求并提升他们的生活质量。

第八章　应对人口老龄化与建设养老服务体系的综合策略

随着人口老龄化趋势的加剧，构建和完善养老服务体系已成为当今社会面临的紧迫任务。本章提出一系列应对人口老龄化与建设养老服务体系的综合策略，旨在为河南省乃至全国各地区提供具有针对性、前瞻性和可操作性的参考与指导，以期为老年人创造更加舒适、便捷、有尊严的生活环境，让每位老人都能享受到幸福安康的晚年时光。

第一节　加强顶层设计与政策支持

随着计划生育政策的长期实施，中国成功控制了人口增长，为经济社会发展创造了有利条件。然而，这也导致人口年龄结构的深刻变化，使中国提前进入了老龄化社会。当前，低生育率、老龄化和性别失衡等问题日益凸显，对中国未来的经济和社会发展构成了严峻挑战。我们应采取以下措施加以应对：

首先，必须正视人口结构变化的新形势。人口优化不仅体现在数量和结构上，更在于质量和有效利用。尽管中国的人口数量矛盾已相对缓和，但结构问题却日益严重。与发达国家不同，中国在经济发展尚未达到相应水平时就已面临老龄化问题，这要求政府必须更具前瞻性地调整人口政策。以河南省为例，其生育率长期低于全国平均水平，而老龄化、抚养比等指标却高于全国平均水平，这充分说明了人口老龄化的紧迫性和调整生育政策的必要性。

其次，调整生育政策是应对老龄化的重要手段。从"双独"到全面放开二孩，再到实施"三孩生育"政策，这些变化旨在优化人口结构。然而，新一代生育意愿的下降，表明单纯调整生育政策并不足以解决问题。因此，需要与教育、卫生、医疗和民政等部门协同合作，采取综合措施减轻中青年人的生育压力，提高生育率。

再次，在应对老龄化的过程中，养老服务体系的构建至关重要。作为准公共产品，养老服务的供给模式必须优化。理想模式是在政府的主导下，结合市场机制和社会力量，共同构建一个多元化、网络化的养老服务体系。政府应发挥中枢作用，引导和激励市场、社会、家庭积极参与养老服务供给。同时，政府还应转变为"有限政府"，专注于市场和社会力所不及的领域，为养老服务的多元化供给主体创造有利的发展环境。

最后，政府应转变职能，专注于宏观调控和市场监管，将更多具体事务交由市场和社会组织处理。在养老服务领域，这意味着政府应鼓励和引导民间资本投入，通过提供财政补贴、税费优惠等扶持政策，推动养老服务市场的健康发展。

综上所述，为应对人口老龄化挑战，河南省政府必须制定长期规划并明确养老服务体系建设目标。这包括调整生育政策以提高生育率、优化养老服务供给模式以构建多元化养老服务体系，以及转变政府职能以创造有利的发展环境。通过实施这些措施，将能够更有效地应对老龄化带来的挑战，促进经济社会的可持续发展。

第二节　构建多元化的养老服务模式

党的十九大报告明确指出，保障老年人的福利是新时期为老年人提供中国特色服务的方向。面对日益严峻的人口老龄化挑战，应将经济发展与人口老龄化紧密结合，以满足老年人的多样化需求为核心，充分把握老龄化带来的机遇，推动老龄事业的协调、全面、健康发展。

河南省作为人口大省，老龄化趋势同样明显，但这也为老龄化产业的发展提供了巨大潜力。要发展老龄化产业，河南省需从以下五个层面入手：一是政府应加强宏观治理，既要考虑老龄化产业的盈利能力，又要重视其公共福利属性。通过加大财政投入，推动老年活动、住房建设和服务供给的增加，满足老年人在身体和精神层面的多元需求。二是企业应积极响应市场需求，针对老年人的特殊需求，开发包括食品、医药、保健品等在内的老龄消费品，促进老龄产业的快速健康发展。同时，注重研发与老年人生活密切相关的服务产品，如保健、医疗、护理等，并发展老年人服务中心等产业，为老年人提供全方位的服务。三是应关注老年人的精神文化需求。随着物质生活水平的提高，老年人的精神文化需求日益凸显。政府应联合高校等教育机构，创办老年大学，开发老年教育资源，满足老年人的教育需求，丰富他们的精神生活。同时，在公共场所配置老年健身器材、设立老年人阅读专区等，为老年人创造宜居环境。四是随着人口老龄化的加剧，老年劳动力资源也日益丰富。这些老年人具有丰富的生活经验和全局驾驭能力，是宝贵的人力资源。政府应制定相关政策，鼓励和支持老年人参与经济和社会发展，充分发挥他们的积极作用。五是实施灵活的养老政策，如研究制定渐进式延迟退休年龄政策，根据老年人的意愿和身心状况确定退休年龄，使更多老年人能够继续在工作岗位上发挥价值。

综上所述，河南省应立足实际，构建多元化的养老服务模式，包括加强政府宏观治理、推动企业积极参与、关注老年人精神文化需求以及充分利用老年劳动力资源等。

第三节　强化人才培养与引进

河南省自20世纪90年代迈入人口红利期，这一时期为其带来了长达近40年的经济发展黄金时期，人口红利的释放极大地推动了河南省的经济增长和社会进步。然而，随着人口结构的变化，老龄化问题逐渐凸显，这给河南省的经济发展带来了新的挑战。为了应对这一挑战，河南省正积极筹划，采取一系列措施以确保经济持续稳健发展。首先，通过实施"二胎""三胎"政策，河南省旨在提高出生率，延续人口红利。这一政策的实施将有助于增加劳动力供给，缓解人口老龄化带来的压力。同时，加强社会保障体系的建设，为老年人提供更好的养老、医疗等服务，减轻社会抚养压力。其次，合理调控房价及降低生活成本也是河南省应对老龄化问题的重要措施。高房价和生活成本是制约年轻人生育意愿的重要因素之一。因此，河南省通过制定合理的土地政策和住房政策，调控房价，降低居民的生活成本，为年轻人创造更好的生育环境。

此外，大力发展教育事业也是河南省应对老龄化问题的关键举措。教育是人才培养的基石，通过提高教育质量、扩大教育资源供给，可以缓解教育资源紧张、竞争激烈的现状。河南省将继续加大教育投入，优化教育资源配置，推动教育公平，为人才培养提供坚实的基础。在人才培养与引进方面，河南省采取了以下五项具体措施：

（1）加大人力资本投资，提升整体人才素质。为了提升河南省的人力资本水平，河南省将加大对职工培训设施和社会资本的投入。这包括支持和完善社会教育和培训机构，鼓励企业和个人参与职业培训，提供多样化的培训项目和课程。通过学校教育、社会教育、职业培训等多元化手段，河南省将培养更多具备专业技能和创新能力的人才，为经济发展注入强劲动力。同时，适应经济社会发展的新趋势，河南省将优化基础教育资源配置，确保每个孩子都能接受到优质的基础教育，为未来的职业发展奠定坚实基础。

（2）深化职业教育改革，培养技术技能人才。河南省将继续推进职业教育改革，致力于培养大批技术技能人才。通过实施职业教育培训重点攻关计划，深化职业教育培训学制改革，加强与产业的对接和合作，河南省将促进职业教育与产业发展的深度融合。河南省将积极推动校企合作、工学结合的教学模式，为学生提供更多实践机会和就业渠道。这些举措将有助于培养适应市场需求的高素质技术技能人才，有效缓解就业压力，提升产业的吸引力和竞争力。

（3）强化高等教育与科技人才培养，推动创新驱动发展。为了推动创新驱动发展，河南省将加快重点学科和重点大学领导水平的提升。通过加大对高等教育的投入和支持，着力培养高素质的科学基础人才。同时，加强与国内外知名高校和科研机构的合作与交流，引进高层次人才和团队，提升河南省的科技创新能力和国际竞争力。此外，河南省还将积极推动科技成果转化和创新创业支持，为科技人才提供更多的发展机会和平台。

（4）优化人才引进环境，打造人才集聚高地。针对郑洛商圈地区及其他重要经济区域，河南省将采取更优先的人才配置战略。通过优化人才引进政策、提升人才服务质量、加强人才创新创业支持等措施，吸引和留住各类优秀人才。同时，积极推动人才与产业、资本等要素的深度融合，实现人才吸引与产业发展的良性互动。为了打造人才集聚高地，河南省还将加强城市基础设施建设和公共服务配套，提升城市的宜居性和吸引力。

（5）应对老龄化挑战，挖掘老年人才资源。面对老龄化社会的挑战，河南省将积极挖掘老年人才资源。通过完善老年人就业政策、加强老年人技能培训、推动老年人参与社会公益活动等措施，促进老年人才的合理流动和有效配置。同时，积极引导涉老企业创新产品和服务，满足老年人多样化的消费需求。为了推动老龄产业的健康发展，河南省还将加大对老龄产业的政策扶持和资金投入，培育和发展一批有竞争力的老龄产业企业。这些举措将有助于充分发挥老年人才在经济社会发展中的积极作用，推动河南省经济的持续、健康、稳定发展。

第四节　推进养老服务科技创新

在信息化和互联网时代，政府应积极运用互联网技术，提升居家养老服务信息平台的质量，为老年人与社区、市场之间搭建起畅通的信息交流桥梁。通过高效、准确的信息宣传，增强老年人的服务获得感和生活幸福感。在此过程中，平台应持续征集各方意见，形成科学有效的监督评价体系，确保项目的透明度和公众的参与度。将PPP与P2P相结合的创新模式，使互联网不再局限于金融融资平台，而是成为养老产业PPP项目的积极参与者。在这种模式下，互联网金融平台将担任项目咨询方和服务方的角色，为投资者提供全面、准确的信息支持，推动养老服务的科技创新。

同时，引进智能居家养老服务技术也至关重要。例如，智能手表等设备不仅具备定位、监测功能，还能在紧急情况下提供求助服务，为老年人提供安全保障。此外，智能监测身体状况的设备能够及时将老年人的健康信息反馈给相关机构，借助大数据和"互联网+"技术，使居家养老服务信息的传递和处理更加顺畅。通过手机预约服务、视频沟通等方式，老年人可以便捷地享受订餐、聊天、心理咨询、上门护理以及紧急情况下的多种服务。这种服务模式将极大地提升老年人的生活质量和幸福感，满足他们多样化的养老需求。

第五节　加强国际交流与多方合作

在养老项目的推进中，项目的发起方可以是政府，也可以是市场。对于市场发起的项目，政府只需依据既定政策提供相应的支持和补贴。然而，当政府作为发起方时，如何设计出切实可行的合作模式便显得尤为重要，这需要进行深入研究。

在这方面，借鉴国际发达国家的成功经验，例如，当前的 BOT（建设—经营—转让）与 O&M（运营和维护）的结合模式可能更适合养老 PPP 项目。在这种模式下，政府、企业和民众三方主体在 PPP 运营方式中可以实现更大的共赢。具体来说，通过采用"建设—维护—移交+委托运营"的模式，政府首先与投资方达成协议，投资方承担项目的建设和所需设备的购置、维护工作，而政府则通过租赁方式获取养老设施的使用权，并支付相关费用给投资方。但政府并不直接参与项目的经营，而是将养老设施再租赁给专业的运营单位。此外，政府还会根据养老设施的入住情况给予一定的财政补贴，以确保项目的顺利运营和可持续发展。这种模式不仅有助于减轻政府的财政压力，也充分发挥社会资本的作用，提高养老设施的建设和运营效率。同时，专业的运营单位能够更好地满足老年人的养老需求，提升养老服务的质量和水平。

此外，为了有效推动养老产业的发展，必须构建一个多元化的融资支持体系，这一目标的实现需要政策性金融和商业性金融的"双轮"驱动。具体而言，国家政策性银行应发挥核心作用，增加对养老机构项目的贷款投放，并提供优惠的贷款利率，以降低养老项目的融资成本。在商业性金融领域，应引导商业银行、保险公司、基金等机构积极参与养老项目，利用其市场化和专业化的优势，为养老产业提供多样化的金融服务。同时，政府应通过税收减免和降低行业准入门槛等措施，为社会资本参与养老产业创造有利条件，可以在税收和土地使用方面给予优惠，如减免增值税、营业税等税收，以及按居民生活价格收取水电气等使用费。在土地供应方面，可以考虑行政划拨土地、低价出售或出租土地，甚至对废弃的工厂和学校进行改造利用。这些措施将有效降低社会资本的运营成本，提高其参与养老产业的积极性。

第六节　完善法律政策

养老服务体系的顺畅运作离不开政策和法律的有力支撑。与发达国家相比，我国在养老领域的法律建设还存在明显不足。例如，日本和德国等国家都建立了完善的老年护理法律体系，为老年护理制度的稳健发展奠定了坚实基础。虽然我国的《老年人权益保障法》从宏观层面保障了老年人的基本权益，但在具体养老保障措施方面仍显得力不从心，过于依赖各级政府的非强制性规定和决议。因此，为推动我国养老服务工作向规范化、高效化方向发展，需要制定和完善一系列与养老服务紧密相关的政策和法律。

首先，政府亟须从顶层设计出发，借鉴海外成功经验，制定专门的政企合作法律法规，这些法规应对PPP模式的具体适用范围、准入标准、合作方式以及参与主体的权责等进行明确界定，从而为各方提供清晰的行动指南。其次，颁布专门的医养结合法律，在现有养老法律制度中增设医养结合的内容，为医养结合PPP模式的发展提供坚实的法治保障。同时，政策制定应坚持宏观与微观相结合、理论与实践相统一的原则，确保政策既能指导实践，又能适应不断变化的养老服务需求。最后，制定老年人福利法、老年护理法等专门法律，以及建立护理服务标准、质量监管机制、人员培训体系等配套措施。通过构建全面、系统的养老服务法律体系，为老年人提供更加优质、可持续的养老服务，促进社会资本在养老领域的积极参与和健康发展。

　　综上所述，本书通过对河南省人口老龄化与养老服务体系建设的全面深入分析，揭示了老龄化对经济社会发展的影响机制和挑战，并提出了应对人口老龄化与建设养老服务体系的综合策略建议。这些研究成果将为河南省及类似地区应对老龄化问题提供重要的理论支持和实践指导意义。在未来的研究中，我们将继续关注老龄化与养老服务体系的发展动态和政策变化，为推动河南省乃至全国的老龄化事业发展贡献更多的智慧和力量。

参考文献

［1］Anderson G F，Hussey P S. Population Aging： A Comparison among Indus-
trialized Countries ［J］. Health Affairs，2000，19（3）：191-203.

［2］Arsenovic Daniela，Durdev Branislav S，Ivkov-Dzigurski Andelija. The Age-
ing of Population in Kanjiza Municipality ［J］. Glasnik Srpskog Geografskog Drustva，
2009，89（3）：103-114.

［3］Ahadzi M，Bowles G. Public-Private Partnerships and Contract Negotiations：
An Empirical Study ［J］. Construction Management and Economics，2004，22（9）：
967-978.

［4］Alhassan Issahaku P，Neysmith S. Policy Implications of Population Ageing
in West Africa ［J］. International Journal of Sociology & Social Policy，2013，33（3/
4）：186-202.

［5］Abrams R C，Alexopoulos G S. Substance Abuse in the Elderly：Over-the-
Counter and Illegal Drugs ［J］. Hosp Community Psychiatry，1988，39（8）：
822-823.

［6］Bookman A，Kimbrel D. Families and Elder Care in the Twenty-First Centu-
ry ［J］. Future of Children，2011，21（2）：117-140.

［7］Bloom D E，Boersch-Supan A，Mcgee P，et al. Population Aging：Facts，
Challenges，and Responses ［R］. PGDA Working Papers，2011.

［8］Bloom D E，Williamson J G. Demographic Transitions and Economic Miracles
in Emerging Asia ［R］. Nber Working Papers，1998.

［9］Borsch Supan A H，Ludwig A，Winter J K. Aging and International Capital

Flows [J]. Weltwirtschaftliches Archiv, 2001, 130 (4): 675–697.

[10] Bujnowska–Fedak M M. Trends in the Use of the Internet for Health Purposes in Poland [J]. BMC Public Health, 2015, 15 (15): 194–211.

[11] Bing L, Akintoye A, Edwards P J, et al. The Allocation of Risk in PPP/PFI Construction Projects in the UK [J]. International Journal of Project Management, 2005, 23 (1): 25–35.

[12] Bass S, Caro F. Older and Active: How Americans Over 55 are Contributing to Society [M]. New Haven: Yale University Press, 1995.

[13] Baldock J, Evers A. Innovations and Care of the Elderly: The Cutting–Edge of Change for Social Welfare Systems: Examples from Sweden, The Netherlands and the United Kingdom [J]. Ageing and Society, 1992, 12 (3): 289–312.

[14] Cismas Laura, Maghear Diana. The Ageing of the Population of Romania in the European Context [J]. Annals of the University of Oradea: Economic Science, 2010, 1 (1): 178–179.

[15] Coale A. Convergence of A Human Population to A Stable Form [J]. Journal of the American Statistical Association, 1968 (63): 395–435.

[16] Cantor Marjorie, Virginia Litter. Aging and Social Care [J]. Handbook of Aging and the Social Science, 1985, 503 (1): 745–781.

[17] Cox E O, Parsons R J. Empowerment–Oriented Social Work Practice with the Elderly [M]. Devon: Books/Cole Publishing Company, 1994.

[18] Dinham A. Empowered or Over–powered? The Real Experiences of Local Participation in the UK's New Deal for Communities [J]. Community Development Journal, 2005, 40 (3): 301–312.

[19] David E. Bloom, Klaus Prettner. The Future of Work: Meeting the Global Challenges of Demographic Change and Automation [J]. International Labor Review, 2020, 12 (8): 112–117.

[20] Dony M. The Belgian Presidency of the EU: A post Lisbon Treaty Presidency, Community Building, Bilateral, Biregional Relations and Economic Diplomacy

[J]. Political Science, 2011, 104 (180): 1-6.

[21] Evers A. Shifts in the Welfare Mix: Introducing a New Approach for the Study of Transformations in Welfare and Social Policy [M]. Vienna: Eurosocial, 1988.

[22] Evers A. Part of the Welfare Mix: The Third Sector as An Intermediate Area [J]. Voluntas, 1995, 6 (2): 159-182.

[23] Fougère, Mérette. Population Aging and Economic Growth in Seven OECD Countries [J]. Economic Modelling, 1999, 16 (3): 411-427.

[24] Feyrer, James. Demographics and Productivity [J]. Review of Economics and Statistics, 2007, 89 (1): 100-109.

[25] Goodman, Allen. Using Lorenz Curves to Characterize Urban Elderly Populations [J]. Urban Studies, 1987, 24 (1): 77-80.

[26] Guo K L, Castillo R J. The U. S. Long Term Care System: Development and Expansion of Naturally Occurring Retirement Communities as An Innovative Model for Aging in Place [J]. Ageing International, 2012, 37 (2): 210-227.

[27] Grudinschi, Daniela, Hallikas, et al. The Implementation of Value Network Scorecard: Case Cross-Sector Collaboration in Elderly Care [J]. Global Conference on Business & Finance Proceedings, 2013, 18 (2): 1-22.

[28] H. Shimada, T. Suzuki, M. Suzukawa et al. Performance-Based Assessments and Demand for Personal Care in Older Japanese People: A Cross-Sectional Study [J]. BMJ Open, 2013, 3 (4): 1-6.

[29] Heather J. Sharkey. American Mission, Egyptian Church: The Making of a Coptic Evangelical Presbyterian Community [J]. The Journal of Presbyterian History, 2006, 84 (2): 170-180.

[30] Iain Carpenter, Gambassi etc. Community Care in Europe. The Aged in Home Care Project (Ad HOC) [J]. Aging Clinical and Experimental Research, 2004, 16 (4): 259-269.

[31] Johnston J M, Romzek B S. Traditional Contracts as Partnerships: Effective Accountability in Social Services Contracts in the American States [J]. Chapters,

2005, 7 (1): 117-143.

[32] J. Bridges, M. Flatley, J. Meyer. Older People's and Relatives' Experiences in Acute Care Settings: Systematic Review and Synthesis of Qualitative Studies [J]. International Journal of Nursing Studies, 2010, 47 (1): 89-107.

[33] Jonas Agell, Thomas Lindh, Henry Ohlsson. Growth and the Public Sector: A Reply of the European [J]. Journal of Political Economy, 1999, 15 (2): 783-792.

[34] J W Rowe, R L Kahn. Successful Aging [J]. Gerontologist, 1997, 37 (4): 433-440.

[35] Kahana B, Dan A, Kahana E. Moderating Roles of Age and Gender on the Effects of Impairments on Depressive Symptoms among the Old-Old [C]. 57th Annual Scientific Meeting of the Gerontological Society of America, 2004.

[36] Krishna M J. World Trade Organization and Small-Scale Entrepreneurs in Karnataka: An Explorative Study [J]. The IUP Journal of Applied Economics, 2003, 2 (3): 25-36.

[37] Lamnisos D, Giannakou K, Siligari T. Demographic Forecasting of Population Projection in Greece: A Bayesian Probabilistic Study [J]. The European Journal of Public Health. Volume 29, Issue Supplement 4. , 2019, 4 (29): 527-536.

[38] Liu J, Gao R, Cheah C Y J, et al. Incentive Mechanism for Inhibiting Investors' Opportunistic Behavior in PPP Projects [J]. International Journal of Project Management, 2016, 34 (7): 1102-1111.

[39] Lemlouma T, Laborie S, Roose P. Toward A Context-Aware and Automatic Evaluation of Elderly Dependency in Smart Homes and Cities [C]. World of Wireless, Mobile & Multimedia Networks. IEEE, 2013.

[40] Lee R, Mason A. What is the Demographic Divided? [J]. Finance & Development, 2006, 43 (3): 16-17.

[41] Lopez A D. Demographic Aspects of Population Aging in Developed Countries [J]. Revue D' Épidémiologie Et De SantéPublique, 1987, 35 (4): 195-205.

［42］ Meredith Barbara. The Community Care Handbook：The New System Explained ［J］. Age Concern England, 1993, 11 (2)：125-126.

［43］ Maxime, Fougère, et al. Population Ageing and Economic Growth in Seven OECD Countries ［J］. Economic Modelling, 1999, 16 (3)：411-427.

［44］ Moody H. Silver Industries and the New Aging Enterprise ［J］. 2004, 28 (4)：75-78.

［45］ M A Massoud, M El-Fadel, A Abdel Malak. Assessment of Public vs Private MSW Management：A Case Study ［J］. Journal of Environmental Management, 2003, 69 (1)：267-271.

［46］ Mohr J, Spekman R. Characteristics of Partnership Success：Partnership Attributes, Communication Behavior, and Conflict Resolution Techniques ［J］. Strategic Management Journal, 1994, 15 (2)：135-152.

［47］ Mohamed I S. Good Governance, Institutions and Performance of Public Private Partnerships ［J］. International Journal of Public Sector Managemen, 2015, 28 (7)：219-223.

［48］ Muramatsu N, Yin H, Hedeker D. Functional Declines, Social Support, and Mental Health in the Elderly：Does Living in A State Supportive of Home and Community-Based Services Make a Difference? ［J］. Social Science & Medicine, 2010, 70 (7)：1050-1058.

［49］ Osei-Kyei R, Chan A P C. Review of Studies on the Critical Success Factors for Public - Private Partnership (PPP) Projects from 1990 to 2013 ［J］. International Journal of Project Management, 2015, 33 (6)：1335-1346.

［50］ Peter Stoltz, Giggi Uden, Ania Willman. Support for Family Cares Who Care for an Elderly Person at Home-A Systematic Literature Review ［J］. Scandinavian Journal of Caring Science, 2004, 18 (2)：111-119.

［51］ Penrose E. The Theory of the Growth of the Firm ［M］. New York：Oxford University Press, 1995.

［52］ Paul Alhassan Issahaku, Shcila Neysmith. Policy Implication of Population

Ageing in West Africa [J]. International Journal of Sociology and Social Policy, 2013, 33 (3/4): 186-202.

[53] Peter G. Peterson. Gray Dawn: How the Coming Age Wave Will Transform America and the World [M]. New York: Random House, 1999.

[54] Peter G. Peterson. Gray Dawn: The Global Aging Crisis [J]. Foreign Affairs, 1999, 78 (1): 42-55.

[55] Rother P C, Catenaro M, Schwab G. Aging and Pensions in the Euro Area [J]. Finanzarchiv Public Finance Analysis, 2003, 60 (4): 593-593.

[56] Russo J C, Dias M A G, Barreira da Silva Rocha A, et al. Renegotiation in Public-Private Partnerships: An Incentive Mechanism Approach [J]. Group Decision and Negotiation, 2018, 27 (6): 949-979.

[57] Rhenman E. Industrial Democracy and Industrial Management: A Critical Essay on the Possible Meanings and Implications of Industrial Democracy [J]. American Sociological Review, 1968, 35 (1): 132-137.

[58] Savas E. Privatization and Public-Private Partnerships [J]. Chatham House, 2004, 87 (1): 21-23.

[59] Schopflin, George. Nationalism and the National Minorities in East and Central Europe [J]. Journal of International Affairs, 1991, 45 (1): 51-65.

[60] Shrestha L B. Population Aging in Developing Countries [J]. Health Affairs, 2000, 19 (3): 204-212.

[61] Segal S P, Chandler S, Aviram U. Antipsychotic Drugs in Community-based Sheltered-care Homes [J]. Social Science & Medicine Part A Medical Psychology & Medical Sociology, 1980, 14 (6): 589-596.

[62] Sharfstein, Steven S J, Calvin Nafziger. Community Care: Costs and Benefits for A Chronic Patient [J]. Hosp Community Psychiatry, 1976, 27 (3): 170-173.

[63] Skellie F, Albert G, Melton Mobley, Ruth E, Coan. Cost-Effectiveness of Community-based Long-term Care: Current Findings of Georgia's Alternative Health

Services Project [J]. American Journal of Public Health, 1982, 72 (4): 353-358.

[64] Sherry Anne Chapman. Client – Centre, Community – based Care for Frail Seniors [J]. Health and Social Care in the Community, 2002, 11 (3): 253-261.

[65] Soar J. The Potential of Information and Communication Technologies to Support Ageing and Independent Living [J]. Annals of Telecommunications – Annales des Télécommunications, 2010, 65 (9/10): 479-483.

[66] Stoller E P, Pugliesi K L. Informal Networks of Community-based Elderly: Changes in Composition over Time [J]. Res Aging, 1988, 10 (4): 499-516.

[67] Sauvy A. Social and Economic Consequences of the Ageing of Western European Populations [J]. Population Studies, 1948, 2 (1): 115-124.

[68] Sekhri N, Feachem R, Ni A. Public-Private Integrated Partnerships Demonstrate the Potential to Improve Health Care Access, Quality, and Efficiency. [J]. Health Affairs (Project Hope), 2011, 30 (8): 347-349.

[69] Shulman, D., Galanter, R. Reorganizing the Nursing Home Industry: A Proposal [J]. Milbank Memorial Fund Quarterly Health and Society, 1976, 54 (2): 129-143.

[70] Thomas A V, Kalidindi S N, Anantharayananan K. Risk Perception Analysis of BOT Road Project Participants in India [J]. Construction Management and Economics, 2003, 21 (4): 393-407.

[71] Thomicroft G, Alem A, Santos R A D, et al. WPA Guidance on Step, Obstacles and Mistakes to Avoid in the Implementation of Community Mental Health Care [J]. World Psychiatry: Official Journal of the World Psychiatric Association (WPA), 2010, 9 (2): 67-77.

[72] U G Gerdtham. The Impact of Aging on Health Care Expenditure in Sweden [J]. Health Policy, 1993, 24 (1): 1-8.

[73] Weihe G. Towards a Process Perspective on Public – Private Partnerships [M]. Camberley: Edward Elgar Publishers, 2010.

[74] Yale Kodwo-Nyameazea, Peter V. Nguyen. Immigrants and Long-distance

Elder Care：An Exploratory Study ［J］. Ageing International，2008，32（4）：279-297.

［75］［英］庇古. 西方经济学圣经丛书：福利经济学［M］. 北京：华夏出版社，2013.

［76］包世荣. 我国养老服务业发展研究［D］. 吉林大学博士学位论文，2019.

［77］丛春霞，彭歆茹. 城市居民居家养老服务供需问题研究［J］. 东北财经大学学报，2017（1）：49-56.

［78］蔡昉. 中国如何通过经济改革兑现人口红利［J］. 经济学动态，2018（6）：4-14.

［79］陈红岩. 安徽人口老龄化时空演变及对经济增长的影响研究［D］. 安徽财经大学硕士学位论文，2016.

［80］陈琳，宋永发. 社区养老服务 PPP 项目收益系统动力学分析［J］. 工程管理学报，2023，37（5）：64-68.

［81］程曦冉. 养老服务 PPP 项目中政府监管问题研究——以开封市民生养老院项目为例［D］. 南京理工大学硕士学位论文，2022.

［82］陈晓安. 公私合作构建我国的长期护理保险制度：国外的借鉴［J］. 保险研究，2010（11）：55-60.

［83］蔡晓琰，周国光. PPP 项目政府和社会资本合作的投资回报机制研究［J］. 财经科学，2016（12）：101-109.

［84］曹亚楠，崔玉杰. 基于 Logistic 人口模型对我国老年人口数量的预测研究［J］. 现代营销（学苑版），2021（8）：192-193.

［85］巢莹莹，张正国. 上海市养老服务业供给侧改革路径选择——基于 PPP 模式［J］. 经济论坛，2016（4）：16-20.

［86］陈志敏，张明，司丹. 中国的 PPP 实践：发展、模式、困境与出路［J］. 国际经济评论，2015（4）：68-84.

［87］杜偲偲. 社区居家养老服务 PPP 的运行机制和融资结构［J］. 攀枝花学院学报（综合版），2023，40（1）：18-26.

［88］邓大松，李玉娇．医养结合养老模式：制度理性、供需困境与模式创新［J］．新疆师范大学学报（哲学社会科学版），2018（1）：107-114.

［89］段洪波，杨竹晴．PPP 模式与河北省养老服务业相对接的 SWOT 分析及建议［J］．经济研究参考，2015（63）：51-55.

［90］邓汉慧，涂田，熊雅辉．社会企业缺位于社区居家养老服务的思考［J］．武汉大学学报（哲学社会科学版），2015，68（1）：109-115.

［91］董红亚．我国社会养老服务体系的解析和重构［J］．社会科学，2012（3）：68-75.

［92］党俊武．关于我国应对人口老龄化理论基础的探讨［J］．人口研究，2012，36（3）：62-67.

［93］党俊武．新时代中国老龄产业发展的形势预判与走向前瞻（上）［J］．老龄科学研究，2018，6（11）：3-27.

［94］丁建定．居家养老服务：认识误区、理性原则及完善对策［J］．中国人民大学学报，2013，27（2）：20-26.

［95］邓小鹏．PPP 项目风险分担及对策研究［D］．东南大学博士学位论文，2007.

［96］邓颖，李宁秀，刘朝杰，等．老年人养老模式选择的影响因素研究［J］．中国公共卫生，2003（6）：103-104.

［97］丁志宏，王莉莉．我国社区居家养老服务均等化研究［J］．人口学刊，2011（5）：83-88.

［98］范逢春．农村公共服务多元主体协同治理［M］．北京：人民出版社，2014.

［99］范悍彪．人口红利对经济增长的影响分析［D］．安徽财经大学硕士学位论文，2012.

［100］樊玲，李磊．健康中国 2030 背景下河南省健康老龄化体系优化研究［J］．江苏商论，2021（11）：70-72.

［101］樊儒经，张雯．人力资本和流动人口对于区域经济增长差异的影响研究——基于 2011—2015 年度江浙沪地区数据的实证分析［J］．人口与发展，

2019，25（3）：14-26．

[102] 高传胜．老龄社会治理现代化，何以可为？——以江苏为例［J］．武汉科技大学学报（社会科学版），2024，26（3）：24-39．

[103] 高传胜．我国养老服务业规划的几点思考［J］．宏观经济管理，2015（10）：60-62．

[104] 郜凯英．PPP 模式应用于中国社区居家养老服务研究［J］．现代管理科学，2015（9）：82-84．

[105] 郭林．西方典型国家私营资本参与养老服务体系建设［J］．国外社会科学，2014（6）：47-54．

[106] 高留志，栗婧怡．我国城市社区互助养老模式的构建及法律规制——基于河南省六市养老现状的调研［J］．中州学刊，2019（8）：79-84．

[107] 郭沛源，于永达．公私合作实践企业社会责任——以中国光彩事业扶贫项目为案例［J］．管理世界，2006（4）：41-47．

[108] 关鑫．PPP 模式在养老机构建设中的应用研究［D］．东北财经大学硕士学位论文，2013．

[109] 桂雄．PPP 应用于我国养老服务业的政策分析［J］．中国财政，2016（7）：38-40．

[110] 耿永志．养老服务业发展研究：目标，差距及影响因素［J］．湖南社会科学，2013（3）：113-116．

[111] 高雯，陆瑶，王文燕．"医养结合"的社区养老模式及 SWOT 分析［J］．劳动保障世界，2018（9）：41+70．

[112] 侯大强．基于 Leslie 模型的湖北省人口老龄化预测及分析［D］．武汉理工大学硕士学位论文，2012．

[113] 胡桂祥，王倩．PPP 模式应用于养老机构建设的必要性与应用条件分析［J］．建筑经济，2012（2）：101-104．

[114] 韩俊魁．当前我国非政府组织参与政府购买服务的模式比较［J］．经济社会体制比较，2009（6）：128-134．

[115] 和军，樊寒伟．制度能力、产业特性与公私合作（PPP）治理机制

［J］. 商业研究，2016（7）：1-8.

［116］黄佳. PPP 模式建设养老机构的国际经验与对策研究［J］. 研究改革与开放，2016（19）：86-88.

［117］黄俊辉，李放，赵光. 农村社会养老服务需求评估——基于江苏1051 名农村老人的问卷调查［J］. 中国农村观察，2014（4）：29-41.

［118］何莽. 中国康养产业发展报告［M］. 北京：社会科学文献出版社，2019.

［119］胡美玲. 人口老龄化背景下农村养老 PPP 模式探究——以济南市为例［J］. 中国老年学杂志，2017，37（12）：3117-3119.

［120］何群. 中国特色社会主义小康社会与人口老龄化问题研究［D］. 华侨大学硕士学位论文，2011.

［121］何清，陈楠，张开洲. 基于 GWR 模型的福建县域人口老龄化影响因素分析［J］. 贵州大学学报（自然科学版），2014，31（5）：129-135.

［122］何寿奎. 社会资本参与医养结合项目面临的问题与治理路径研究［J］. 当代经济管理，2018，40（11）：53-59.

［123］何涛，赵国杰. 基于随机合作博弈模型的 PPP 项目风险分担［J］. 系统工程，2011，29（4）：88-92.

［124］郝涛，徐宏，岳乾月，等. PPP 模式下养老服务有效供给与实现路径研究［J］. 经济与管理评论，2017，33（1）：119-125.

［125］侯晓艳，雷云云. PPP 模式应用于社区居家养老服务研究［J］. 劳动保障世界，2019（9）：24-25.

［126］韩喜平，陈茉. 我国养老产业 PPP 项目运作面临的问题及对策［J］. 经济纵横，2018（4）：81-86.

［127］黄妍. 社区养老 PPP 模式的应用规范研究［D］. 中共江苏省委党校硕士学位论文，2020.

［128］胡玉坤. 应对老龄化：中国如何抉择［J］. 中国经济报告，2017（2）：43-46.

［129］胡志明，刘畅，张辰悦. 智慧城市背景下社区数字化建设研究——基

于金华市的调研 [J]. 科技创业月刊, 2023, 36 (12): 78-82.

[130] 纪广月, 梁劲. 广东省人口老龄化现状、特征及发展趋势预测研究 [J]. 成都师范学院学报, 2020, 36 (5): 100-104.

[131] 金华林, 刘伟岩. 城市化、人口红利与日本经济增长关系研究 [J]. 人口学刊, 2017, 39 (2): 37-46.

[132] 贾康, 孙洁. 公私伙伴关系（PPP）的概念、起源、特征与功能 [J]. 财政研究, 2009 (10): 2-10.

[133] 吉鹏, 李放. 政府购买城市社区养老服务效率评价——基于江苏省三市数据的分析 [J]. 城市问题, 2016 (10): 84-88.

[134] 姜珊. 基于我国PPP模式的养老本位产业发展研究 [J]. 佳木斯大学社会科学学报, 2023, 41 (3): 46-49.

[135] 金双秋, 曹述蓉. 完善养老服务体系的构想 [J]. 社会工作（学术版）, 2011 (1): 57-58.

[136] 敬乂嘉, 陈若静. 从协作角度看我国居家养老服务体系的发展与管理创新 [J]. 复旦大学学报（社会科学版）, 2009 (5): 133-140.

[137] 康江江, 丁志伟, 张改素, 王发曾, 武荣伟. 中原地区人口老龄化的多尺度时空格局 [J]. 经济地理, 2016, 36 (4): 29-37.

[138] 康蕊, 江华, George Leeson. PPP模式下我国养老服务投入的经济适应性研究 [J]. 经济问题探索, 2018 (9): 52-61.

[139] 李兵, 张恺悌, 王海涛, 等. 关于基本养老服务体系建设的几点思考 [J]. 新视野, 2011 (1): 66-68.

[140] 李超. 美国老龄产业发展及对我国的启示 [J]. 兰州学刊, 2015 (4): 150-159.

[141] 廖楚晖, 甘炜, 陈娟. 中国一线城市社区居家养老服务质量评价 [J]. 中南财经政法大学学报, 2014 (2): 46-50.

[142] 刘畅. 构建完善的社区养老服务体系 [D]. 山西财经大学硕士学位论文, 2012.

[143] 赖丹馨, 费方域. 不完全合同框架下公私合作制的创新激励——基于

公共服务供给的社会福利创新条件分析 [J]. 财经研究, 2009, 35 (8): 79-90.

[144] 吕国营, 韩丽. 中国长期护理保险的制度选择 [J]. 财政研究, 2014 (8): 69-71.

[145] 刘华军, 何礼伟, 杨骞. 中国人口老龄化的空间非均衡及分布动态演进: 1989—2011 [J]. 人口研究, 2014, 38 (2): 71-82.

[146] 刘华军, 刘传明. 城镇化与农村人口老龄化的双向反馈效应——基于中国省际面板数据联立方程组的经验估计 [J]. 农业经济问题, 2016 (1): 45-52.

[147] 李汉卿. 协同治理理论探析 [J]. 社会经纬理论月刊, 2014 (1): 138-142.

[148] 刘红芹, 刘强. 居家养老服务的制度安排与政府角色担当 [J]. 改革, 2012 (3): 66-71.

[149] 梁舰. PPP 模式如何与养老服务产业对接 [J]. 中国建设信息化, 2016, 16 (23): 37-41.

[150] 陆杰华, 王伟进, 薛伟玲. 中国老龄产业发展的现状、前景与政策支持体系 [J]. 城市观察, 2013 (4): 5-13.

[151] 刘军林. PPP 模式运用于我国社区居家养老建设研究 [J]. 中国市场, 2017 (16): 60-62.

[152] 李佳茵, 刘长生. 论老龄化社会条件下的积极老龄化建设 [J]. 黑龙江生态工程职业学院学报, 2016, 29 (5): 54-56.

[153] 刘龙. 河北省人口老龄化的经济社会效应研究 [D]. 辽宁大学硕士学位论文, 2013.

[154] 李林, 刘志华, 章昆昌. 参与方地位非对称条件下 PPP 项目风险分配的博弈模型 [J]. 系统工程理论与实践, 2013, 33 (8): 1940-1948.

[155] 李立敏, 曾飞凡. "三化并举" 推动养老服务业产业组织创新 [J]. 发展研究, 2017 (1): 94-97.

[156] 刘妮娜, 郭月青. 中国城乡老年人照料方式的变化及影响因素研究——以社会资本为视角 [J]. 中国农业大学学报 (社会科学版), 2016, 33

（1）：126-136.

[157] 李琼，李松林，张蓝澜，李昊，刘毅．粤港澳大湾区人口老龄化时空特征及其经济效应 [J]．地理研究，2020，39（9）：2130-2147.

[158] 柳仕奇．论我国社会养老服务体系的选择路径 [J]．普洱学院学报，2014，30（1）：14-17.

[159] 李婷．我国人口老龄化对经济社会的影响及对策 [J]．产业与科技论坛，2021，20（23）：59-60.

[160] 李倩倩．基于健康老龄化指标的城市机构养老模式研究 [D]．辽宁大学硕士学位论文，2017.

[161] 刘晓梅．我国社会养老服务面临的形势及路径选择 [J]．人口研究，2012，36（5）：104-112.

[162] 刘晓凯，张明．全球视角下的 PPP 内涵模式实践与问题 [J]．国际经济评论，2015（4）：53-67.

[163] 栾秀群，陈英．我国基本养老服务体系研究 [J]．合作经济与科技，2013（24）：100-101.

[164] 廖卫东，廖剑南．基于协同治理的 PPP 养老产业困境和优化路径研究 [J]．江西社会科学，2020，40（4）：212-221.

[165] 李文琴，史元茹，李玲．养老机构 PPP 项目风险 [J]．中国金融，2017（8）：58-59.

[166] 林宇姗．人口老龄化的成因、影响及解决对策 [J]．中国经贸导刊（中），2019（9）：111-113.

[167] 刘耀东，孟菊香．PPP 模式在社区居家养老中应用的阻滞因素与突破路径研究 [J]．行政事业资产与财务，2018（21）：32-34.

[168] 刘益梅．人口老龄化背景下社会化养老服务体系的探讨 [J]．广西社会科学，2011（7）：100-104.

[169] 茆长宝，穆光宗，武继磊．少子老龄化背景下全面二孩政策与鼓励生育模拟分析 [J]．人口与发展，2018，24（4）：56-65.

[170] 牟春兰．社会力量发展医养结合的 PPP 模式及对策分析 [J]．西北

人口，2018，39（2）：105-111.

[171] 马光川．居家养老服务的双重困境及其突破［J］．山东社会科学，2016（3）：82-87.

[172] 穆光宗．论"和谐计生"：理论与实践的对话［J］．市场与人口分析，2007（5）：30-31.

[173] 穆光宗．关于我国建立人口优化发展大国策体系的思考［J］．中国延安干部学院学报，2011，4（2）：93-100.

[174] 穆光宗．中国在转型过程中的养老挑战及其统筹应对［J］．人口与计划生育，2012（6）：33-35.

[175] 穆光宗．我国机构养老发展的困境与对策［J］．华中师范大学学报（人文社会科学版），2012，51（2）：31-38.

[176] 穆光宗．成功老龄化之关键：以"老年获得"平衡"老年丧失"［J］．西南民族大学学报（人文社会科学版），2016，37（11）：9-15.

[177] 穆光宗．转折中的中国人口——《国家人口发展规划（2016-2030）》解读［J］．中国社会工作，2017（5）：24-27.

[178] 马卉．公私合作模式（PPP）应用于我国养老产业的影响因素研究［D］．华中科技大学硕士学位论文，2017.

[179] 苗阳．PPP模式应用于养老机构的风险分担研究［J］．价值工程，2016（10）：26-28.

[180] 倪东生，张艳芳．养老服务供求失衡背景下中国政府购买养老服务政策研究［J］．中央财经大学学报，2015（11）：3-13.

[181] 秦敏花．中国人口老龄化发展现状、成因与对策研究［J］．企业科技与发展，2019（9）：219-220.

[182] 钱亚仙．老龄化背景下的社会养老服务体系研究［J］．理论探讨，2014（1）：162-165.

[183] 时丹丹，吴晓．数字经济赋能养老服务：内在逻辑与优化路径［J］．牡丹江大学学报，2023，32（8）：26-34.

[184] 司红运，郑生钦，吴光东，等．养老地产PPP项目收益的系统动力

学仿真模型 [J]. 系统工程, 2018, 36 (12): 142-146.

[185] 孙慧峰. 中国城镇居家养老服务体系研究 [D]. 中国人民大学博士学位论文, 2010.

[186] 沈俊鑫, 顾昊磊. 供应链治理体系视阈下养老 PPP 项目落地率影响因素分析 [J]. 当代经济管理, 2020, 42 (10): 69-76.

[187] 史佳, 冀巨海. 基于 BP 神经网络的黄河中下游人口预测研究 [J]. 科技管理研究, 2014, 34 (6): 245-250.

[188] 孙蕾, 王亦闻, 门长悦. 中国人口老龄化的区域差异研究——基于省级面板数据的实证分析 [J]. 当代经济科学, 2015, 37 (1): 18-24.

[189] 隋胜男. 我国养老产业 PPP 模式研究 [D]. 辽宁大学硕士学位论文, 2021.

[190] 孙涛, 谢东明, 赵志荣. 养老 PPP 的服务模式与融资结构研究 [J]. 吉林大学社会科学学报, 2020, 60 (2): 167-178.

[191] 史薇. 金砖国家人口老龄化的比较分析 [J]. 老龄科学研究, 2013, 11 (6): 72-79.

[192] 孙喜峰. PPP 项目在我国社区式居家养老服务体系中的运用 [J]. 金融经济, 2016 (22): 17-19.

[193] 宋永发, 陈鹏慧. 基于 Shapely 值法的养老地产 PPP 项目利益分配模型研究 [J]. 建筑经济, 2019, 40 (7): 38-42.

[194] 孙玉栋, 郑垚. 老龄化背景下养老项目 PPP 模式研究 [J]. 中国特色社会主义研究, 2018 (1): 72-73.

[195] 唐凤安. 广西人口老龄化现状及对策研究 [D]. 广西大学硕士学位论文, 2016.

[196] 唐纳军. 汉中市人口老龄化问题研究 [D]. 西北农林科技大学硕士学位论文, 2013.

[197] 童星. 发展社区居家养老服务以应对老龄化 [J]. 探索与争鸣, 2015, 1 (8): 69-72.

[198] 田雪原, 王金营, 李文. "软着陆": 中国人口发展战略的理性选择

［J］．社会科学战线，2005（2）：237-241.

［199］唐文彦．PPP 模式在中国社区居家养老中的研究应用［J］．中国科技纵横，2016（19）：238-239.

［200］邬沧萍，姜向群．"健康老龄化"战略刍议［J］．中国社会科学，1996（5）：52-64.

［201］邬沧萍．一条适合国情又符合历史选择的战略［J］．群言，1998（11）：15-17.

［202］邬沧萍，王琳，苗瑞凤．中国特色的人口老龄化过程、前景和对策［J］．人口研究，2004（1）：8-15.

［203］邬沧萍，谢楠．关于中国人口老龄化的理论思考［J］．北京社会科学，2011（1）：4-8.

［204］邬沧萍．积极应对人口老龄化理论诠释［J］．老龄科学研究，2013，1（1）：4-13.

［205］王东，房盼．我国养老服务 PPP 项目高质量发展的多元化驱动路径［J］．昆明理工大学学报（社会科学版），2021，21（1）：9-19.

［206］王海霞．PPP 模式应用于我国养老机构建设的研究［D］．财政部财政科学研究所硕士学位论文，2014.

［207］魏加科，牛飚．城乡基本养老服务体系建设对策研究［J］．中国名城，2014（3）：39-43.

［208］韦洁如．社区居家养老服务模式可行性研究——基于发展型社会福利视角［J］．老龄化研究，2023，10（2）：412-417.

［209］温来成，刘洪芳，彭羽．政府与社会资本合作（PPP）财政风险监管问题研究［J］．中央财经大学学报，2015（12）：3-8.

［210］王莉莉．基于"服务链"理论的居家养老服务需求、供给与利用研究［J］．人口学刊，2013（2）：49-59.

［211］王莉莉．中国居家养老政策发展历程分析［J］．西北人口，2013，34（2）：66-72.

［212］王宁，张爽，曾庆均．基于新陈代谢 GM（1，1）模型的重庆市人口

老龄化预测研究［J］. 西北人口，2017，38（1）：66-70.

［213］王培培，李文. PPP 模式下社会养老服务体系建设的创新与重构［J］. 理论月刊，2016（8）：135-140.

［214］王细芳，王振州. 城市社区养老服务体系构建研究［J］. 老龄科学研究，2014，2（8）：44-51.

［215］王巍. PPP 模式在社区居家养老服务中的应用探索——以上海市为例［J］. 改革与开放，2016（1）：85-86.

［216］温勇. 积极应对人口老龄化加快建设养老服务体系［J］. 人口与健康，2020（2）：34-36.

［217］王增文. 农村老年人口对养老服务供给主体的社会认同度研究——基于宗族网络与农村养老服务政策的比较［J］. 中国行政管理，2015（10）：124-128.

［218］王争亚，吕学静. 福利多元主义视角下我国养老服务供给主体问题解析［J］. 中国劳动，2015（2X）：73-78.

［219］许白玲. 公私合营（PPP）模式推进中国养老事业发展的路径探析［J］. 世界农业，2017（6）：168-172.

［220］徐超然. 贵州省人口老龄化灰色关联分析与预测［D］. 贵州财经大学硕士学位论文，2014.

［221］徐宏，商倩. 中国养老服务资金缺口测算及 PPP 破解路径研究［J］. 宏观经济研究，2019（2）：161-175.

［222］徐宏，岳乾月. 养老服务业 PPP 发展模式及路径优化［J］. 财经科学，2018（5）：119-132.

［223］许莲凤. 养老服务业 PPP 项目运行机制构建——基于股权合作的视角［J］. 东南学术，2021（1）：192-201.

［224］徐梦薇. PPP 模式对接社区居家养老服务的基本模式与对策研究［J］. 劳动保障世界，2017（33）：13-14.

［225］肖万，彭程，韦玮. 按效付费模式下 PPP 柔性合同的运用——基于双案例的比较研究［J］. 宏观经济研究，2020（8）：64-75.

［226］肖振伟．论 PPP 模式在社区居家养老服务中的应用［J］．人才资源开发，2019（11）：37-39.

［227］许泽宁，毕玥．借鉴国外模式探讨我国社区居家养老建设［J］．内蒙古民族大学学报，2012，18（3）：73-74.

［228］姚从容，李建民．人口老龄化与经济发展水平：国际比较及其启示［J］．人口与发展，2008（2）：80-87.

［229］闫海春．促进还是抑制？人口老龄化对经济高质量发展的影响——基于内蒙古自治区的实证研究［J］．湖北民族大学学报（哲学社会科学版），2020，38（2）：60-67.

［230］杨红燕，陈鑫，聂梦琦，等．地方政府间"标尺竞争""参照学习"与机构养老床位供给的空间分布［J］．中央财经大学学报，2020（2）：106-116.

［231］杨璟．"年轻态"养老模式：专业社区互助休闲养老［J］．中共南昌市委党校学报，2018，16（4）：47-49.

［232］杨璐瑶，张向前．政府购买服务、社会资本合作（PPP）促进社会组织发展——基于居家养老分析［J］．哈尔滨商业大学学报（社会科学版），2017（1）：79-87.

［233］余明江．人才强省与人才发展双向过滤模型探析——基于安徽省人口第六次人口普查资料的研究［J］．合肥师范学院学报，2014，32（2）：70-75.

［234］杨团．公办民营与民办公助——加速老年人服务机构建设的政策分析［J］．人文杂志，2011（6）：124-135.

［235］亓霞，柯永建，王守清．基于案例的中国 PPP 项目的主要风险因素分析［J］．中国软科学，2009（5）：107-113.

［236］原新．积极应对人口老龄化是新时代的国家战略［J］．人口研究，2018，42（3）：3-8.

［237］岳向华，林毓铭．养老 PPP 服务质量监管三方演化博弈关系研究［J］．江西财经大学学报，2019（2）：71-80.

［238］岳向华，林毓铭．政府监管下养老 PPP 项目服务质量演化仿真分析［J］．社会保障研究，2020（6）：3-14.

[239] 叶晓甦，杨俊萍．基于多目标规划模型的 PPP 项目定价方式研究 [J]．统计与决策，2012（6）：74-77.

[240] 余翔宇．系统化视角下湖北省养老服务 PPP 模式研究 [D]．武汉科技大学硕士学位论文，2019.

[241] 俞卫，刘柏惠．我国老年照料服务体系构建及需求量预测——以上海为例 [J]．人口学刊，2012（4）：3-12.

[242] 易卫华，叶信岳，王哲野．广东省人口老龄化的时空演化及成因分析 [J]．人口与经济，2015（3）：33-42.

[243] 杨艳飞．辽宁省人口老龄化特征及其影响研究 [J]．合作经济与科技，2021（18）：36-37.

[244] 严宇珺，严运楼．上海人口老龄化发展趋势及其影响因素——基于 GM（1，1）和主成分分析 [J]．中国老年学杂志，2021，41（14）：3093-3098.

[245] 杨钊．法国多样化产业化养老服务模式的发展及启示——兼论我国养老服务产业发展 [J]．当代经济管理，2014，36（7）：88-91.

[246] 周春山，童新梅，王珏晗，赖舒琳．2000-2010 年广州市人口老龄化空间分异及形成机制 [J]．地理研究，2018，37（1）：103-118.

[247] 周迪雯．PPP 模式应用于我国社会养老机构建设的必要性与可行性分析 [J]．商，2016（7）：73-73.

[248] 周桂兰．安徽人口老龄化对社会发展的影响研究 [D]．安徽大学硕士学位论文，2011.

[249] 张军芳，张利民，安达．基于灰色关联度和 BP 神经网络的全国人口预测研究 [J]．农村经济与科技，2019，30（22）：257-258.

[250] 张开洲，陈楠．1990-2010 年福建省县域人口老龄化时空演变特征及其驱动机制 [J]．地理科学进展，2014，33（5）：605-615.

[251] 章萍．社区居家养老服务 PPP 运作模式研究 [J]．当代经济管理，2018，40（11）：60-64.

[252] 郑生钦，冯雪东．风险分担视角下社区养老服务 PPP 项目投资决策 [J]．土木工程与管理学报，2016，33（3）：47-52.

[253] 赵旭，陈立萍，程维虎．Logistic 回归模型在人口问题中的应用 [J]．应用概率统计，2015，31（6）：662-666.

[254] 赵锡锋．医养结合养老 PPP 项目中的风险传导机理与防控策略研究 [J]．医学与社会，2019，32（4）：24-27.

[255] 张燕．我国人口老龄化的挑战与机遇 [J]．经济研究参考，2016（56）：9-11.

[256] 张洋．我国社会养老服务体系完善研究 [D]．东北师范大学博士学位论文，2016.

[257] 周佑勇．公私合作语境下政府购买公共服务现存问题与制度完善 [J]．政治与法律，2015（12）：90-99.

[258] 郅玉玲．长江三角洲地区居家养老服务的发展 [J]．学海，2010（4）：66-69.

[259] 章晓懿，刘帮成．社区居家养老服务质量模型研究——以上海市为例 [J]．中国人口科学，2011（3）：83-92.

[260] 周云，封婷．老年人晚年照料需求强度的实证研究 [J]．人口与经济，2015（1）：1-10.

[261] 张岩松．老龄产业发展对策研究 [M]．北京：清华大学出版社，2016.

[262] 周正祥，张秀芳，张平新．常态 PPP 模式应用存在的问题及对策 [J]．中国软科学，2015（9）：82-95.

[263] 翟振武，陈佳鞠，李龙．2015-2100 年中国人口与老龄化变动趋势 [J]．人口研究，2017，41（4）：60-71.

[264] 周兆安，周涛，张旻宇．关于政府购买养老服务指导理念的思考 [J]．中国民政，2015（24）：38-39.